3時間で人生が変わる

アルバムセラピー

昨日まで嫌いだった自分を明日から好きになる方法

林　さゆり

あさ出版

推薦の言葉

関西学院大学大学院経営戦略研究科・教授　佐藤善信

林さゆりさんが開発した「アルバムセラピー（以下、アルセラ）」は、知れば知るほど素晴らしいセラピーだと思う。

セラピーの本家本元である認知行動療法は、現在「第3の波」といわれるマインドフルネスと自己肯定感を高める手法がメインとなっている。アルセラは、自分のアルバムの中から数種類の写真を選択し、その写真の頃に何を感じていたのかを書き出してもらい、それをグループで共有するというプロセスを経て、自己肯定感を蘇らせる手法をとる。まさに第3の波のセラピーの一種である。

アルセラの心理療法としての優れた点は、他の手法に比べて、セッションが単純で、短時間で完結することにある。さらに、セラピストにもクライエントにとっても負担ははるかに小さい。アルセラはまだ「民間療法」の1つであるが、他の科学的な心理療法のコア部分を構成する手法として、採用されるときがやってくると思う。

私はマーケティングの研究者であるので、アルセラとマーケティングとの関連についてお話しさせていただきたい。

私は、アルセラはコンパッションを生み出す手法だと考えている。コンパッションは「思いやり」と訳され、類似語には、シンパシー（sympathy 同情と訳される）とエンファシー（empathy 共感）。逆の言葉にはアパシー（apathy 無関心）がある。

アパシーは人が苦しんでいても「我関せず」と無視する態度である。シンパシーは苦しんでいる人に気づいており、その苦しみも理解しているのだが、そのまま立ち去る状態である。エンファシーは苦しんでいる様子が自分にもヒシヒシと伝わってきているが、助けようと声掛けしない状態を指す。コンパッションは、苦しんでいる人に気づき、その苦しみも共感し、その苦しみを軽減させるために手を差し伸べる態度を意味する。

アルセラはこのコンパッションの感情を引き起こすのである。コンパッションには3つの方向性がある。1つは自己から他者へのコンパッション、もう1つは他者から自己へのコンパッション、そして最後は自己から自己へのコンパッションである。最後の自己から自己の方向は、特にセルフ・コンパッションともいわれている。アルセラは自分の写真を観ながらセルフ・コンパッションを生み出す。そして、自分の写真とそれにまつわるストーリーを皆と共有することで、他者からのコンパッションを呼び起こす。また、他者のストーリーを共有することから他者へのコンパッションを引き起こす。

マーケティングとの関係でいえば、顧客とサービス・営業担当者のコンパッションのやり取りは長期的関係の最も重要な基盤である。また最近は、特に異分野や文化を異にする専門家で編成されるチームでの仕事が増加してきている。このチーム・ビルディングにもアルセラは威力を発揮する。また、コロナ禍を契機としてリモートワークが増加しているが、その人間関係の構築にもアルセラは大きな効果を持つ。

以上のように、アルセラはビジネスの現場において、コンパッションのやり取りをベースにして、結果としてビジネスに計り知れない金銭的効果をもたらす。

最後に、アルセラは心理療法としてだけではなく、人間本来の強さを引き出すポジティブ心理学の大きな実践的手法とも考えられることを付言しておく。

推薦の言葉……3

第一部 アルバムセラピー〈入門編〉

1 あなただけの「大好き探し」……14
アルバムセラピーとは 14
アルバムセラピー誕生のきっかけ 16
アルバムセラピーの目的 18
アルバムがもたらすものとは 22

2 さあ、はじめましょう ――実践ガイド……25
準備 25
特徴 28
手順 30

3 写真の選び方……36

「生まれたて」の写真を選ぶ　36
「幼少期」の写真を選ぶ　37
「大好き」「大嫌い」の写真を選ぶ　40
「思い出深い」写真を選ぶ　43

4 アルバムセラピーの効果……45

アルバムセラピーから得られるもの　45
心の変化5つのステップ　48
他のセミナーとの違い　53
自分サイズの幸せ探し　58
トラウマ外し（応用講座）　64
トラウマのメカニズム　65
一対一のカウンセリング　75
自分探しの答え　81

第二部 アルバムセラピーがもたらしたもの〈事例〉

1 心で感じましょう……86

赤ちゃんのときからのアルバムにあるものとは　86

知識ではなく、心で感じる　87

2 小中高生に向けて……92

「命の授業・いじめ対策授業」「大好き探しの授業」　92

「自分の中の大好き探し」　97

将来「自己肯定感」を子どもの心に届ける「宝物」づくりの授業　98

お母さんたちの心に自己肯定感を届ける　101

子どもへの感謝フォトレター　104

3
自己肯定感を高める……………108
負の連鎖を断つ方法　108
ケース1 一人息子を愛せなかったお母さん　110
ケース2 ワーカーホリックで育児放棄寸前の母親　112
お母さんたちへの思い　113

4
就活生へのエール……………118
就活生に必要な本当の自分を原体験から知る方法　118
1％の才能を見出す　122
ケース3 自分に自信が持てないオタク気質の大学生　124
発達障害も一つの個性　125
魂が喜ぶ仕事に就くために　128
ケース4 暗く覇気のない大学生　131

ケース5 コミュニケーション能力の低い女子大生 132
就活に悩む全ての学生を救いたい 134

5
ビジネスマンの活力に……… 136
サラリーマン、経営者、起業家に向けて 136
ケース6 父を許せない20代サラリーマン 137
ケース7 自分探しに奔走する女性経営者 138
ケース8 自己肯定感の低さに悩むある企業の幹部社員さん 138

6
人生100年時代を豊かに……… 143
「自分史アルバム作成講座」 143
高齢者施設でのコミュニケーションツール 146

7 コミュニケーションの再生……150
家族間コミュニケーションを生む 150
企業研修によるチームビルディング 153
ケース9 部下との交流が希薄な50代上司 154
様々な研修 158
メンタルヘルス 160
営業コミュニケーション研修 161

おわりに……164
自己肯定感とは 164
幸福度の低い日本人 166
幸せの正体 168
これからの時代は「個」の時代 174
アルバムセラピーの今後 176

心を輝かせるために 180
広がるアルバムセラピーの世界 183
愛を満たすセラピー 186
参考文献 189

第一部

アルバムセラピー

〈入門編〉

1 あなただけの「大好き探し」

アルバムセラピーとは

アルバムセラピーは、参加者自身のアルバムや過去の写真を用いた体験型のセミナーです。一口に言えば、アルバムの新しい見方。今までの一般常識ならばアルバムを観て「懐かしいね」の一言で終わっていましたが、それだけに留めずより良い自分に導けるよう、アルバムの全く新しい活用法を定義づけしたものです。昔の写真を通して自らの思い出を追体験することで本当の自分に出会える、一般的な講座や自己啓発セミナーとは一線を画したオリジナルのセラピーです。

詳細は後述しますが、簡単な手順としてはいくつかのテーマごとに写真を選び、その写真を観て湧き出てくる感情を紙に記入し、その内容を対面で人に話す（グループワークやカウンセリング）というもの。今の時間を止め、自分が生まれてから現在に至るまでの過去をタイムトリップするようなイメージです。

過去の自分に出会いに行き、過去の自分と対話する。これを繰り返すことで、ただ何となくアルバムを見返すという行為の何倍もの量の思い出や記憶を脳から引っ張り出すことができるのです。

そもそもセラピー受講者のほぼ全員が、「感情を起点に過去を振り返る」という作業をしたことがありません。だからこそ皆さんその効果に驚かれるのですが、アルバムセラピーのメソッドと写真という真実の媒体を通じて、当時の感情や忘れていた記憶が鮮明に蘇ります。逆に言えばこの手法を経なければ、脳の片隅に刻まれた過去の記憶は忘れ去られたまま。ですからアルバムセラピーは、自分の過去を深掘りできる唯一無二の手法でもあると思っています。その過去の遠い記憶を辿ることで、今、自身が抱えている問題解決に繋げるのがセラピーの狙いです。

アルバムセラピー誕生のきっかけ

もともと私がこのセラピーを考えたのは2008年、ある女性起業塾の主催者から「女性起業家の先輩として何か講義をしてもらえませんか?」と依頼されたことがきっかけでした。ほかの講座は起業に必要な事業計画書の書き方や税務関連の知識、資金調達のノウハウといった実践的なものがほとんどでしたが、私はそれらの実践的な知識よりもむしろ、私自身が経験してきたことをお伝えするほうが皆さんの役に立てる気がしました。そのなかでも、起業してから継続するために最重要となる「起業の動機」という部分で役に立ちたいと思いました。

起業はある意味、誰でもできます。だけど継続するのが難しい。

起業して3年で70%、10年で10%の企業しか生き残れないという話を聞いたことがあったので、まずは「大好きなこと」を探してもらおうと考えました。自分が好きなことであれば、どんなことがあってもあきらめにくいからです。ただ、女性起業塾の受講生とは初めてお会いするので、当然、彼女たちが何を「大好き」かは分からない。では、どうすれば彼女たちの「大好き」を知ることができるのだろう、それは彼女たちの過去の中に探しに行くことではないだろうか。

なぜその思いに至ったのかというと、「人は肉体を除けば過去の記憶でできている」と聞いたことがあったからです。

そこで私は女性起業塾の講座を、彼女たちの過去――生まれてから現在までのアルバムを持って来てもらい、彼女たちの過去にタイムトリップして、私がナビゲート役になって「感情」を元に彼女たちの「大好き探し」をする内容にしたいと考えました。

これをベースに試行錯誤を重ね、誕生したのがアルバムセラピーだったのです。

自分が本当にやりたいこと、大好きなこと、心から情熱を燃やせること、自分の魂が喜ぶことなどを自身の過去から導き出し、それらを踏まえてビジネス展開すれば、多少のことがあっても事業を継続できると考えました。

過去を振り返って今に生かす手法として、それまでも「回想法（脳の活性化を促す心理療法)」や「フォトセラピー(写真活動を通じて生活の質を上げる手法)」などがありましたが、いざ調べてみると、これらは心理療法寄りの似て非なるもの。

自分自身のアルバムを用い、一人ひとり教材が違うという手法はアルバムセラピーだけでした。つまり完全にオリジナルなセラピーというわけです。

アルバムセラピーの目的

女性起業家の大好き探しから始まったアルバムセラピーの目的は、自分自身の原点に立ち返ってもらうことにあります。いわば、自分発見プログラム。

他人の価値観ではなく、あくまでも自分軸で、心から好きだと思えることを思い出してもらうための手法です。ではなぜ、自分の大好き探しをする必要があるのか。アルバムセラピーには様々な側面があるので一口で言うのは難しいですが、概して言えば「自分サイズの幸せ探し」に繋がるからです。

幸せを追い求めて自分探しの旅に出たり、自己啓発や成功セミナーに参加したりしても、満足のゆく答えはなかなか見つからないものです。

私自身もそういったセミナーなどに頻繁に参加していた時期があり、そこで大きな疑問を感じていた一人でした。

なぜ、成功セミナーなどに参加している人のなかに、さらに不幸になっていく人がいるのか。言われたとおりにしても失敗する人が出てくるのか？　と。

全ては自己責任と言ってしまえばそれで終わりなのでしょうが、到底私は納得できませんでした。そして、もし私がセミナーを開くとしたら、誰一人、不幸にしない内容でなければ世に発信してはいけないと強く感じるようになりました。

だからこそ、誰かの成功法則やノウハウに翻弄されて疲れ切ってしまう前に、無理のない成功サイズ＝自分サイズの幸せに気づいてもらえるようなセミナーにしたかったのです。

なぜなら、一人ひとり何を幸せと感じるかは違いますし、自分が本当に夢中になれることやワクワクすること、大好きなことは、自分自身の心（魂）しか分からないからです。

結局、世の中に溢れている幸せになるため（成功するため）の考え方やノウハウは、全て他人軸であって自分軸ではありません。だから無理があるし、いつまで経っても幸せに至れないのでは？

環境を変えてみたり、セミナーや書籍などで考え方を学ぶといった外部からの刺激ではなくて、自らの内部に眠る答えを最短・最速で手軽に探しに行けるのが、アルバムセラピーの真骨頂と言えます。

それともう一つ大きな目的は、自らの純粋な気持ちに気づくこと。

子どもの頃は誰もが純粋に、本当にやりたいことに夢中になれる環境があることも多いです。それが年齢を重ねるにつれ、親の教育方針とか、先生に褒められるからとか、受験や就職に有利だからといった様々な外的な要因で、本当にやりたいことではないことをやらされている、あるいはやりたいと思い込まされていることが増えがちです。

多くの子どもたちが、〝条件付きの評価〟が増えた状態で大人になっていく。こうした、いわば純粋な心の上に積み重なった不純物のせいで本来の自分を見失っている人は、特に情報過多の現代において本当に多いように感じています。

この不純物を剥がす際に役立つというのも、アルバムセラピーがもたらす効果の一つです。昨今の情報化社会を生きるうえで誰にも覆いかぶさりがちな不純物を丁寧に剥がしていった先に、ワクワクしたり夢中になれたり心の底から喜べるような、その人の純粋な本当の心があります。

まさしくそれは、自分のなかにひっそりと眠る宝物。

だけどそんな大切なものなのに、何かと忙しい現代人の多くは、そのことに気づかず日々の生活を送っています。あまりいい表現ではありませんが、ただ漫然と生き、その宝物に気づかないまま一生涯を終える人も決して少なくないでしょう。

でも、それは非常にもったいないというのが私の率直な感想です。

アルバムがもたらすものとは

そもそもアルバム自体に、どんな価値があるか知っていますか。

分かりやすい例を挙げると、大学生が海外留学したときに実家から送ってほしいもののランキング1位はアルバムです。また、自然災害で被災者が失って最も残念に思ったものの1位もアルバムでした。その大きな理由として、アルバムには人生で最も大切にしたい全てが入っているからだと思います。例えば家族、友人、恩人、そして愛情、友情、絆、笑顔、感動、感謝に至るまで、アルバムには自らの思い出や人生が凝縮されているのです。

例えば高級車や別荘、宝石といった高価なものは、お金さえあれば手に入ります。だけどオンリーワンである自分のアルバムは世界中どこを探しても売っていないし、どんなに大金を積んでも手に入りません。もちろん代用は効かず、自分のモノでないとだめ。要するに文字どおりプライスレスだからこそ、その価値は計り知れないのです。

ある脳科学者から「人間は、過去の記憶でできている」と教えてもらったことがあるのですが、その言葉どおりならば、人間は肉体以外であれば、アルバムが自分自身を形成しているとも言えます。アルバムには今の自分を形づくる要素が全て収められているからこそ、かけがえのないものだと断言できます。

言うなれば、アルバムはその人の核となる財産です。人が頭で学んできた、例えば学校の勉強で得た知識などは歳を経るごとにほとんど忘れてしまいますが、人が心で感じて深く心に刻まれたことは、いつまでも覚えているものです。そして収められた写真（画像）を頼りに、その時々の心に刻まれた感情を思い出せるツールがアルバムです。人は経験してきた思い出＝記憶でできていますから、ある意味でアルバムはその人の人生そのもの。そんな貴重なアルバムを利活用することで、過去の自分に短時間で確実に出会いに行けるのが、アルバムセラピーの大きな特徴です。

アルバムに貼られた写真は、当然ですが全てが事実です。そして、その一枚一枚にストーリーがあります。写真に写っている事柄はもちろんのこと、例えば母とのツーショット写真ならば実は大嫌いだった父が撮ってくれていたとか、田舎の風景ならば川のせせらぎや虫の鳴き声、辺りの懐かしい匂いが思い出されるなど、写真には写っていない部分まで想起させてくれたり、想像力を膨らませてくれる力も込められています。いわば写真は、視覚情報とその背景にあるストーリーによって、一瞬にして過去へタイムトリップできる唯一無二のもの。だからこそ、一枚の写真が千語に匹敵することもあるのです。今はYouTubeなどの動画メディアが全盛の時代ですが、これらの効果は動画からは得られない、写真ならではの魅力だと思っています。

以上を踏まえ、次からは実際のアルバムセラピーの具体的な流れと手順を説明していきます。

2 さあ、はじめましょう
――実践ガイド

準備

アルバムセラピーに参加するうえで事前に用意していただくものは、アナログならご自身が生まれてからのアルバムと写真、デジタルならスマートフォンなどに保存されている写真データと、あとは筆記用具のみ。

写真に関しては、事前に「生まれてから現在に至るまでの写真を20～30枚ピックアップして持って来てください」と伝えています。以前に大量のアルバムをスーツケースに詰め込んで持って来てくださった方もいましたが、家からアルバムごと持ってくると嵩張って大変ですので、そのようにお伝えしています。任意の写真がアルバムからうまく剥がせない場合は、その写真をスマートフォンなどの電子端末で撮ってきていただいても大丈夫です。

ただここで注意してほしいのは、紙焼きの写真とデジタル画像データとでは、圧倒的に前者のほうが受講者の反応がいいということ。皆さんたいてい、アルバムに貼られた写真のほうが効果的だったとか、写真に対する感情が湧き上がりやすいとおっしゃいます。

また、重いからという理由でアルバムを一部しか持って来なかった人や、数枚の写真しか持って来なかった人は受講後、必ずと言っていいほど「もっとたくさん持ってくればよかった」と後悔されます。それはきっと、受講するまではアルバムセラピーの効果に半信半疑な方が多いからなのだと感じます。「要するに、写真やアルバムを観て過去を振り返るだけでしょ……」といった程度で来られるケースも少なくないのですが、そのような方ほど「驚いた」という表現をされます。おそらく、「こんな貴重な経験ができるならたくさんの写真を持ってきて、もっとしっかりやりたかった」

という欲が出てくるのだと思いますね。

デジタル全盛の時代なので、実際にはスマホの写真で体験される方がどうしても多くはなるのですが、やはりお勧めはアナログです。

過去にタイムトリップする体験なので、昔ながらのアナログで過去の体温を感じられる手垢のついたアルバムに貼られた写真のほうが、伝わりやすいような気がしています。

明確な根拠はありませんが、昔ながらのアナログの良さとリンクするということとも無関係ではなさそうです。

いざアルバムセラピーで用いる写真を選択していくときも、アルバムならば見開きページに人生の推移を物語る画像が貼ってあるためストーリー性が分かりやすいし他の写真と比較しやすく、特に思い入れのある写真も選びやすくなります。

一方、スマートフォンだと一枚一枚スワイプしながらの選択になるので、任意の画像を探し出すのも大変ですし、過去のその時代にタイムトリップして感情喚起するセラピー効果が半減してしまうと、過去の経験から感じています。

ですからアルバムセラピーの効果を最大化するのであれば、実は生まれてから今までの全てのアルバムや写真をどっさりとご準備いただき、ご受講いただくのがベターです。しかしそのような環境を整えるのは困難なので、現状のご案内になっています。

なお、基本的にセミナーはリアルの会場で行っていましたが、昨今のコロナ禍においてオンライン開催も実施するようになりました。オンラインでは会場にアルバムや写真を持参する必要がないため、アルバムを手元に置いたまま参加できるのがメリットです。その際は静かな部屋で一人、集中できる環境にてご受講いただくことをお勧めしています。

さあ、写真の準備が整いました。次からは実践の解説です。

特徴

セミナーの冒頭ではまず、「Don't think, but feel. 考えるのではなく、感じてください」と伝えます。頭ではなく、心を使うということですね。この点は、知識をインプットするタイプのセミナーとの大きな違いです。なぜ私がこれを強調するかというと、〝人は感情の生き物〟という点を最大限、尊重している講座だからです。

もっと言えば、頭で考えることを止めないかぎり、短時間で確実に深い気づきを得ることはできません。人が最期、死ぬときに持って行ける唯一のものは、心のなかにある思い出だけです。そこにアクセスするためには、考えるのではなく感じることが不可欠なのです。

一般的なセミナーのデメリットとして、頭に知識を入れてもその人自身の行動や考えはそれほど変わらないという点が挙げられます。

人間は、理屈で理解したとしても、感情が動かないと、なかなか行動に移そうとしません。

一方で、心を使うアルバムセラピーは感情が動くので、参加者は受講後に自らの意思で行動し始めます。報酬や評価、罰則や懲罰といった外発的な刺激ではなく、強烈な動機付けに繋がる内発的な刺激であるため、自ら行動しやすくなるのです。
誰かに〝説得〟されるのではなく、自ら〝納得〟するからこそ、躊躇なく動けるというわけですね。

セラピー後、両親との関係が悪化して長らく距離を置いていた実家に帰ることができたり、別の女性と一緒になって家族を捨てた身勝手な父と20年ぶりに電話で話ができたり、高校時代の親友に連絡を取って再び交流が生まれたり、忙しくて久しく会えていなかった人生の大恩人の元を32年ぶりに訪問できたりと、心が動いたことがきっかけで自発的な行動が生まれるケースは多く、他にも多数の報告を受けています。

手順

では、実際のアルバムセラピーの手順について説明します。

❶任意のテーマに沿って写真を選ぶ
❷湧き上がる感情を紙に書く
❸グループ（4〜6人程度）内で発表し合う
❹発表後に、グループの代表が全体に対してシェアしていく

基礎講座のテーマは「生まれたて」「幼少期」「大好き」「大嫌い」「一番思い出深い」の5つで、〝写真を選んで、観て、感じて、書いて、発表する〟という一連の手順をテーマごとに繰り返し行います。所要時間は一つのテーマにつき15〜20分が目安ですね。
ちなみに5つのテーマに関しては最初に直感で決め、それから試行錯誤を繰り返してきたのですが、実際にセラピーを進めていくうち、やはりこの5つが最も効果的だという結論に落ち着きました。

さて、ではいよいよセラピーの開始。
まずは持参したアルバムや写真のなかから「生まれたて」の時期の写真で一番のお

気に入りを一枚、選んでもらいます。このとき、どうしても一枚に絞り込めなければ、複数枚を選んでも大丈夫です。

ただ、必ずしも受講者全員が幼少期の写真を持っているとは限りません。とはいえ、その写真がなくてもセラピーは成り立ちます。もちろん写真ありきの講座ではありますが、仮に受講者20名のうち3名が全く幼少期の写真を持っていなかったとしても大丈夫。これは実際に体験してもらえば分かるのですが、他の参加者の写真を観て自分の昔を思い出したり共感するだけでも自身の過去にアクセスでき、容易に自らの半生を遡ることができるのです。

この事実から分かるとおり、アルバムセラピーはグループで行う点にも意味があります。グループの人の話を聞き、また自分の話をすることで、「ああ、自分にもそんなことがあったな」といった共感などから感情が活性化され、自分の能力だけでは引っ張り出せなかった記憶がたくさん蘇ってくるのです。

自分の記憶力だけを頼って、一人でアルバムセラピーアプリなどを利用して行った場合に思い出せる量が3だとしたら、グループワークを含めた複数人で行うアルバムセラピーでは9～10の量を思い出せると言えば分かりやすいでしょうか。

では、実際に写真を選びましょう。

写真の選出時間はテーマごとでそれぞれ5～10分。

そのあとの5分間で、選んだ写真を観て湧き上がる素直な感情を、各自、紙に書いてもらいます。なお、込み上げてくる感情をそのまま紙に吐き出すイメージから、セラピーでは〝書き落とす〟という言葉を使っています。

例えば幼少期の自分の写真を観て、その頃の自分自身と心の中で対話してみたり、顔の表情から気持ちを読み取り書き出していきます。すると写真という視覚対象を通して様々な感情が徐々に、そして鮮明に蘇ってきます。それぞれの写真にタイムトリップしたうえで当時の自分自身の感情に入っていき、そこから溢れ出る感情を書き落としてもらうのです。

感情を書く際に注意したいのは、出来事は書かないということ。

感情は心に起因しますが、出来事は頭で考えることですから、「Don't think, but feel.」の精神に反します。受講者の方々には「嬉しい、楽しい、ワクワク、悲しい、悔しい、辛いといったように、写真を観て湧き上がった素直な感情を書いてください」と伝えています。

例えば小学校時代の運動会の写真を観て〝徒競走で1位になりノートをもらった〟と書いたとしたら、これは客観的な出来事にすぎません。そのときに自分の感情がどうだったか、どんな心情だったかを書き落とすことが、ここでは肝心です。

最初の作業として、思考の邪魔にならないような音楽をBGMに、一人で過去の自分と心で対話してもらいます。なお、静かに過去の自分と向き合い自身の心と対話することが重要になるため、このフェーズでは「絶対にほかの人と喋らないでください」と伝えています。

その後、グループワークのシェアタイムで、他の人に自分の話を聴いてもらうという流れです。

このとき、セラピーを通じて受講者の過去をナビしてタイムトリップの道案内をしていく役目を担うのがアルバムセラピストです。いわば受講者に伴走しながら、過去を旅する案内役。

アルバムの写真を観ながら短時間でより価値のある感情を引き出すには、専門知識を習得したアルバムセラピストによる適切なナビゲートが不可欠です。

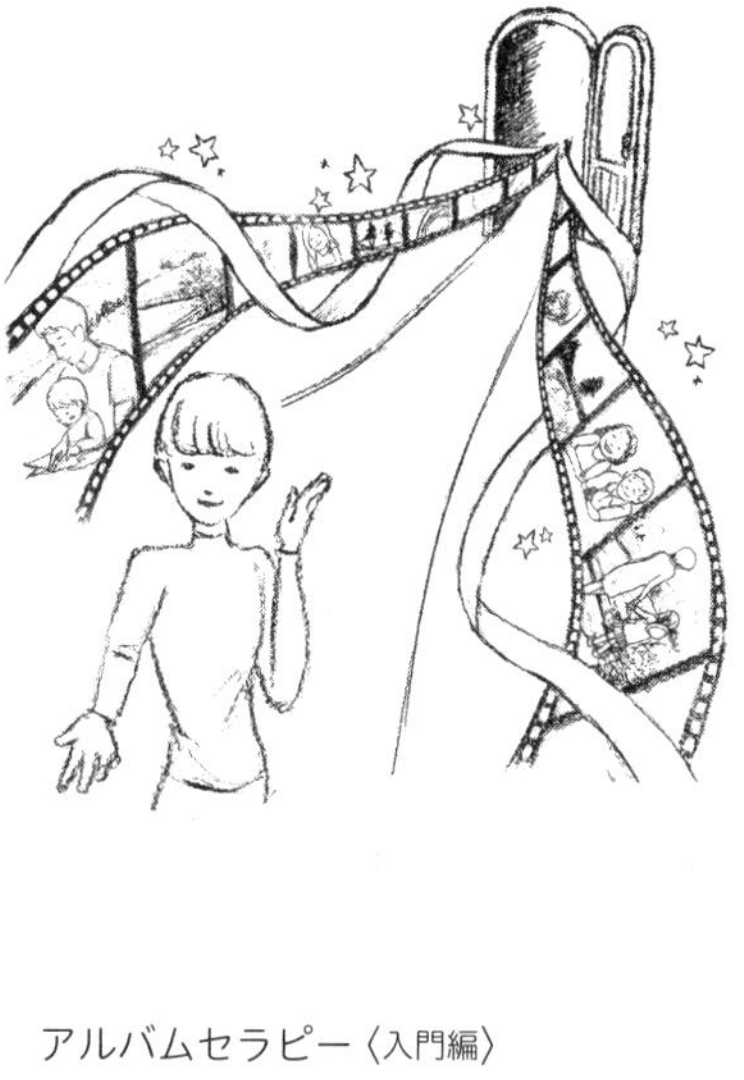

3 写真の選び方

「生まれたて」の写真を選ぶ

5つのテーマのうち、最初に選んでもらうのは「生まれたて」の写真。これは0〜3歳くらいまでの写真が対象です。脳の構造上、その頃の出来事は記憶できていないので、その写真を観て今の自分が感じたこと、あるいはそのとき親がどう感じていたのかを想起し、書き落としてもらいます。そしてこのあと、どんな感情が湧き上がってきたかを、一人1分間を目安にグループ内で発表し合います。

セラピーでは、母に抱かれている写真を選ぶ人が目立ちます。ただ、傍目からは似たような写真だったとしても、例えばようやく生まれた初めての子で喜ばれたとか、難産で大変だったというように、それぞれの思いやエピソードは異なります。当然ですが生まれ育った周囲の環境や世代もそれぞれ違いますから、思い出すことや込み上げてくる感情も千差万別です。

このとき、写真の中の若い頃の親と赤ちゃんの自分を観て、親に対する思いもよらない感情が込み上げてくるケースもあります。実際に最初のワークにもかかわらず、50代の税理士の方が大粒の涙を流されたこともありました。たった一枚の写真から、母親への深い想いが湧き上がってきたのかもしれませんね。

「幼少期」の写真を選ぶ

2つ目のテーマは「幼少期」。おおよそ3～10歳頃の写真が対象です。夢中になっていたことや大好きだったもの、親から褒められたこと、叱られたこと、よく通信簿に書かれていたことなど、手掛かりになるエピソードは様々あると思いますが、ここでも最も印象的な一枚を選んでもらいます。

選んだ写真に必ずしも自分が写っていなくても大丈夫。それぞれの人生にはそれぞれのストーリーがあり、その人にしか分からない価値があるからです。その際、〝一番思い出深い写真を選ぶ〟という視点だけは忘れないようにと伝えています。

セラピーの全工程に言えることとして、考え方を教えることや決めつけは一切しないのがルールです。

通常のセミナーや研修ならば「これをやってください」「このように考えてください」「それはしないでください」などと教えられ、指示されるケースがほとんどですが、アルバムセラピーでは「こんな写真を選んでください」「その写真はダメです」など強制するようなことは絶対に言いません。どんな写真を選んでも、どんな発言をしても全てＯＫ。一切の否定をしない全肯定型というのも、他のセミナーとは大きく異なる点だと思います。

これに付随して私がナビゲートする際に注意しているのが、一般的なセミナーのようにルールどおりに時間を区切らないということ。全体発表の際、おおよそ一人１分という目安があるものの、発言者が言葉に詰まるようならば感情を出し切ってもらうまで待っています。写真を観て、感情を書き落としている際も同様です。あらかじめ余裕をもって進行しますが、それでも終わっていなければやはり待ちます。

講座の進行よりも、受講者の感情を出し切るほうを優先するというわけですが、これも通常のセミナーとは違うと思います。感情の活性化をできるだけ妨げず、忘却の彼方に追いやられた、本当に大切な感情を導き出せるように気を配っています。

ある回では、冷めた感じでやる気なくセラピーを受けていた、ご実家が写真館という女性がいました。その方は最後の発表の際、しばらく話し出せなくて沈黙が続きましたが、ずっと待っていると涙で声を詰まらせながらもゆっくりと親への心からの感謝の気持ちを話し始めてくださり、その話を参加者全員が感動して聞いていました。

もしも普通の講座のように時間優先で進行していたら、この方の言葉を導き出して聴くことはできなかったでしょう。

このように、最初はセラピーに懐疑的な方も一定数おられます。

だけど終わってみたら、たくさんの収穫があったとおっしゃる方がほとんど。

これも、せっかくの機会が台無しにならないよう、感情の発露を待ったからこそなのです。全ての受講者を一つの型にはめてしまうなんて非常にもったいない。とにかくセラピー中は、全員に全ての感情を出し切ってもらうことを最優先しています。

「大好き」「大嫌い」の写真を選ぶ

3つ目と4つ目は対になるテーマで、「大好き」「大嫌い」。

いいことばかりの人生はないし、辛いことばかりの人生もない、山の起伏は色々あれど〝人生山あり谷あり〟を前提に、大好きなことと大嫌いなことについての写真をそれぞれ一枚ずつ選んでもらいます。

まず「大好き」についてですが、これはポジティブな事柄なので探しやすいと思います。ただ、どんな写真を選んでいいか分からないという人もいるので、その際は「とびっきりの笑顔の写真を見つけてください」「人生を謳歌していた時期、自分の黄金期のことを思い出してください」と伝えています。
「大嫌い」は、観たくもない写真、思い出したくもない暗黒時代の記憶といった、いわゆる黒歴史。人生山あり谷ありで言えば谷底にいるときですね。特にこのテーマについては写真が残っていないことも多いため、無理に探す必要はありません。「小学生時代はずっといじめられていて写真がない」といったケースも少なくないので、その場合は、「その時期の写真があると仮定して感情を書き落としてください」と伝えています。

特に「大嫌い」のテーマで言えることですが、アルバムセラピーで大切なのは共感です。ある回では、6年間ずっといじめに遭っていて当時の写真が一枚もないという女性がいました。彼女は周りに心配をかけたくない一心で、そのことを親や友だちにもずっと話さずにいたそうです。しかし同じグループ内の一人が過去のいじめ体験を告白したことで、その方も話すことができたのです。これはまさに、その場に共感が生まれて「私だけじゃなかったんだ。そんなところまで話しても大丈夫なんだ」という安心感が芽生えたからこその発言だと思います。

長年にわたって自分の心に閉じ込めていた負の体験や感情を吐き出すと、スッキリしますし、何より自分自身が癒されます。そんなふうに親やきょうだい、親友にも言わず自分の中だけに封印していた辛い記憶を吐露する機会を創り出せる点も、このセラピーの特徴です。

そもそも人間というのは、自分のことを理解してもらえるだけですごく嬉しく感じるもの。聞いてほしい、分かってほしい、理解してほしいという欲求が満たされると、嬉しくて、とても清々しい気持ちになるものです。


基本的に人は人に対して興味がありますから、目の前にいる本人の過去の写真があると、関心を持ってその人の話を聴けるものです。

特にアルバムセラピーの場合、写真という媒体ツールの効果によって、他の人の話を聴きたいといった他者への関心が自然と生まれるようです。

自分の話にしっかり耳を傾けてくれたら話す側も嬉しいですし、また他の人の話もちゃんと聴こうという気持ちになります。そうした相乗効果によって、より話しやすく共感しやすい雰囲気や空気感が醸成されます。

その結果、安心安全な場づくりが自然と完成するからこそ、初めて出会った人に対しても、不思議なくらい、人生をさらけ出してしまうのでしょうね。

実際にこうした現象が生まれるのは、一般開催で参加者が初対面同士の場合が多いです。例えば、明日からまた同じ職場で働くことになる企業研修などでは、さすがに全てをさらけ出すには心理的な抵抗があり、心のどこかで少しブレーキがかかるようですね。

「思い出深い」写真を選ぶ

最後に、5つ目のテーマとして「人生で一番思い出深い」写真を選んでもらいます。

例えば、この人との出会いがあったから今の自分がある、この経験のおかげで自分が変われた、窮地を救われた、ある人の言葉で人生が好転したなどといったような、人生のターニングポイントとなった人や経験にまつわる写真を選んでもらいます。

「仮に明日死ぬとしたら……、最後まで持っていたい一番大事な写真は？」

こんな観点で写真を一枚ピックアップし、感情を書き落としてもらいます。


5つ全てのワークを終えたあとは、1～5までのワーク全体を振り返ってみて、今どんな気持ちか、何か新しい気づきや発見があったかなど、そのときの心の状態や頭に浮かんできたことを書いてもらいます。

またアルバムセラピストは、講座の目的に合わせて最後の振り返りの内容を変更しても大丈夫です。例えばアルバムセラピー開発当初の「自分の中の大好き探し」の場合であれば、「大好きなことは見つかりましたか？」と聞いて、最後に書き出してもらう形を取ります。

これを最後に全員に発表してもらって、終了となります。

4 アルバムセラピーの効果

アルバムセラピーから得られるもの

アルバムセラピーを終えた後、参加された皆さんに共通して心に湧き上がる2つの感情があります。それは「感謝の気持ち」と「愛されていた」という感情です。

当たり前ですが、人間は一人では生きていけません。お乳をあげ、おしめを替えてというように、誰かが世話をしてくれたからこそ今があるわけですが、写真を通じてそのことが伝わり、自分が周囲に愛されていたこと、そして一人で生きてきたわけではないことを再認識できます。その結果、親から愛されていた記憶を受け取り、自然と親への感謝が湧いてくる人がほとんどです。

「感謝が大事」とよく聞きますが、やみくもに「感謝しなさい」と言われたとしても感謝できるわけがありませんよね。

ある受講者は、「感謝が大事と言葉では簡単に言えても、それが本心からのものかどうか疑問でした。でも、このセラピー後の感謝は、本物の感謝に変わっていました」とセラピー後の感想に書いてくれました。

この方は、今の自分がいる当たり前が、実はそうではなかったことに気づけたのかもしれませんね。だからこそ、本当の意味での感謝が得られたのでしょう。

もう一つの傾向として、「愛されていた記憶＝自己肯定感」が高まります。

自信を失くしている人は、目の前しか見えず視野が狭くなってしまっていることが多々あります。そんなとき、セラピーを通じて自分の生まれたときまで視野を広げてあげると、自信を持つためのヒントを自身の過去から見つけ出せるようになるようです。

ある講座では、就職活動がうまくいかず完全に自信を失っていた大学生がいました。その彼はアルバムセラピーを受け、自信に満ち溢れ輪の中心となりリーダーシップをとっていた中学時代の写真を発見して、みるみるうちに自信を取り戻せました。

なぜなら、写真に写っているのは紛れもなく、その彼自身。今は自信を失っているけれど、過去は自分に自信が持てていたわけだから、それなら今の自分だって自信が持てるはずだ。こうした思考回路を経て、現状が好転するケースは多いのです。これもただ昔の写真を眺めるのではなく、感情を起点にすることで過去の写真に写る自分自身に戻るからこそ得られるもの。忘れていた記憶に勇気づけられたり、元気の源をもらったりできるのも、セラピーから得られるメリットです。


逆に、過去に辛かった記憶や苦しかった思い出があったとしても、それを乗り越えたから今があるわけで、セラピーを通じて過去の経験があったからこそ人を思いやれるようになったとか、今の職業に就けたなど、当時の苦い経験がプラスになったことを再認識される方も多いです。

いつまでも辛い経験のなかに沈んでいる人生などないし、逆もまたしかり。仮に今が辛かったとしても、セラピーでそのことを心から感じてもらえたら、きっと自信や元気が湧いてくるのではないでしょうか。

心の変化5つのステップ

ではなぜ、セラピーによって前向きになれるのか。それは〝心の変化5ステップ〟を踏むからなのですが、そのメカニズムについても触れたいと思います。

心の変化5つのステップとは、

「自分が選んだ写真を観て感情を活性化させる」

「出てきた感情をペンで書き落とす」

「言葉に出して人に話す、人の話を聴く」

「共感や気づきから発見が促される」

「未来へのエネルギー・モチベーションが充電される」

という一連の流れのこと。

まずはアルバムから任意の一枚を探して、その写真を観て感じることで自らの感情を引き出し活性化させます。

次に、その出てきた感情を自らの手で書き落とすことで感情の整理がなされ、それによって心の中が活性化されて癒しや感情が促され、忘れ去られていた過去を深く思い出すことで気づきや発見にも繋がります。

さらに書き落とした内容や感情をグループの人たちに自身の言葉として話したり他の人の話を聴くことで、共感が生まれ、一人では辿り着けなかった新たな気づきや発見を生み出せることもあります。

その一連の行為のなかで蘇ってきた、自分の中に眠る本来の自分自身を思い出と共に深掘りすることで、心の中にエネルギーが充電されていきます。

決して一人で生きてきたわけではないことが心にビンビンと響くことで、周囲への「感謝」と、そして多くは「親に愛されていた記憶」が届き、それが自己肯定感の向上を促します。そして、自分のことを聴いて理解してもらえることの喜びから、他者受容の心も同時に生まれやすくなります。こうしたプロセスを経ることにより、忘れ去っていた自らが本当にやりたいことが見つかったり、失ってしまっていた自信を取り戻せたり、本当は事実ではなかった思い込みやレッテルに気づけたりして、明日へのモチベーションが湧いてくるというわけです。

また、アルバムセラピーで思い出の価値が深く心に響くのは、写真を観る（視覚）、写真を触る（触覚）、他者の話を聞く（聴覚）などのほか、直接的ではないにしろ、過去の記憶の中にある田舎の自然の空気感や実家の懐かしい匂い（嗅覚）、お母さんのお弁当やおばあちゃんの料理の味（味覚）というように、五感に訴えかける側面があるからです。

こうした五感と、心の中に自然と湧き上がる感情を丁寧に引き出すことが、アルバムセラピストの役割です。人は感情の生き物で、五感を持って生まれてきます。

アルバムセラピーはこれらの感覚をフル活用するからこそ、想像以上の効果が見込めるのかもしれません。

セラピー終了後は、幸せホルモンとも言われる「オキシトシン」の値が上昇することが分かっています。

オキシトシンから得られる効果は、幸せな気分になる、脳や心が癒されストレスが緩和する、自己肯定感が高まる、不安や恐怖心が減少する、他者への信頼の気持ちが増す、人に対して優しくなれるなど、前向きなものがほとんど。この分野の研究が進めば、セラピー後に多くの受講者が満足感を得られるのはオキシトシンがたくさん分泌されるからだと証明されるかもしれません。

オキシトシンの値は、他の癒し系のセラピーや療法でも上昇することが分かっています。例えば音楽療法や、植物の香りで心身の健康を促すアロマテラピーなどでも実証されているそうですが、それらの様々な体験をしたことがある弊協会の理事・前田が言うには、「実際に受けてみて自分自身、一番実感が湧いたのはアルバムセラピーだけ」とのことでした。

以上で触れてきたように、過去の写真を観ることで込み上げてくる感情にアプローチするという方法は今までになく、画期的な新しい写真の見方とも言えそうです。
実際、ただ何となくアルバムを眺めるだけでは決して辿り着けない領域での発見がありました。その結果、モチベーションが上がったり、自己肯定感が高まったり、周囲への感謝の気持ちが湧いたり、前向きになれたりするのです。

また、過去の写真には全て事実が映し出されており、全員が違うオンリーワンの教材（人生）なので、当然ながら一切の否定が存在しません。

一つの教えや考え方にはめていくことをしない全肯定型の講座であり、受講者からすると非常に受け入れやすく優しい講座のように感じます。

アルバムセラピーを終えたアンケートの5段階評価でほとんどの人から最高評価の5をいただけるのも、受講者の満足度が非常に高いことを表しています。自分のことをこんなに分かってもらえた、心に溜め込んでいたことを話せた、親への感謝が生まれた、自信が取り戻せた、自己肯定感が湧いた。このように各々が過去にタイムトリップするなかで、それが深かろうが浅かろうが必ず何らかの収穫を得られるからこそ、満足した気持ちになれるのだと思います。写真は事実のみを伝えてくれるので、〝説得〟ではなく〝納得〟感に繋がるのも、満足度が高い大きな理由だと感じます。

他のセミナーとの違い

世にあるセミナーのなかには、カンフル剤的に半ば強引に誘導するような自己啓発系のものもありますが、アルバムセラピーは高い効果が見込める割にそうした誘導がない、真逆のアプローチ方法だと思っています。

こちらから一切、指示することはなく、自分が思い出せる量、感じる量だけ持ち帰っていただくというのが基本スタンス。

無理は何にしても良くない結果を招きやすいものですので、無理なく自然な自分サイズの量を受け取るのが一番でしょう。

実は私自身も過去に自己実現したいと考え、自己啓発系のセミナーや人生の成功を謳った講座に参加していた時期があるのですが、変わりたくてもなかなか自分を変えることはできず、心に響くようなセミナーにも出会えず、なかには一種の洗脳と言えるほどの異空間的な雰囲気が漂い、無理に誘導されるものもありました。そうした怪しげなセミナーの講師は受講者を鼓舞するのがうまく、実際にみな感情が高ぶるので、確かにその場ではやる気が漲ってきたような錯覚に陥ります。だけどその感情は数日間くらいしか持続せず、結局は自分の内面が変わらないので身にならないケースが多い気がしました。

「こういう考え方をしてください」「このようにしてみてください」「こういう言葉を唱えてください」というように主催者側が一つの価値観を押し付けてくるものも多いですが、万人受けするはずもなく、結局は人の幸せではなくお金儲けが目的なのでは？と思わざるをえないものもありました。

とはいえ、身にならないだけなら、まだマシなほうかもしれません。「働かずして年収3000万円が稼げる」と謳ったセミナーに参加した公立学校の先生が、本当にそうなれるんだと思い込み、教師を辞めて挑戦したものの、結局うまくいかずに一家離散してしまったという話を聞いたことがありました。自己責任と言えばそれまでですが、そういったセミナーなどによる弊害は実際問題として存在します。だけど、こうした悲劇はほとんど表に出てくることはありません。

もちろん、セミナーに参加して自分も成功者になれるかもしれないと期待し、行動に移すのは素晴らしいことだと思います。しかし全員が同じようにしたからと言ってうまくいくはずもなく、実際にできる人は一握り。たいていの場合うまくいかず、時には悲惨な目に遭ってしまうのが実情かも……。

私自身、過去に様々なセミナーに参加するなかで、幸せになるためにセミナーを受講したのに不幸になる人がいるという事実を知り、そこにすごく違和感を覚えました。影響力のある人は、「誰一人として不幸にしません」という誓約書にサインをしてから壇上に上がり、情報発信すれば良いと、個人的には思っています。

だから、私は「誰一人、絶対に不幸にしないセミナー」を標榜して「自分サイズの幸せ探し＝アルバムセラピー講座」を創りました。

実際にプラスこそあれ、誰一人として不幸にならないのですが、そもそも従来あった成功セミナーとは「成功」の定義が全く違うのです。

アルバムセラピーでは、地位や名誉や財産を手に入れ、称賛されるのが「成功」であるとは考えていません。「心で幸せと感じること」が「成功」と定義しています。

人がしんどくなるのは、一般的に比較や競争の世界の中で、そのギャップを埋めようとしても、それができない自分を責め続けているからに他ならないのではないかと思うのです。だから「自分サイズの幸せ探し」という、流行りそうもなくちっぽけに見えるようなキャッチコピーかもしれないけれど、自分の幸せは「今ここ＝自分の中」にしかないということに気づいてほしいし、もっと言うなら「既にあなたは完璧で幸せを手に入れているのに、それに気づかず探し回っているだけなんだよ、探し物は足元に、あなたの中にちゃんとあるよ」「あなたは今のあなたのままで十分素晴らしい」「何者にもならなくても良いんだよ」ということに気づいてもらうセラピーにしたかったんです。

幸せは、外に探しに行ってもどこにもありません。自分の中に既にあるということに気づいてもらうだけの作業なんです。だけどそのことに気づけない人が多いからこそ、私は「自分サイズの幸せ探し」をテーマにした講義がやりたかったのです。分かりやすい例を挙げるなら、「郵便局長さんより幸せな郵便配達員の人はいる」という話です。

講義では現在の自分自身のことをありのまま、そのまま受け入れることから始めます。そこを否定してしまうと、何も始まらないからです。つまりアルバムセラピーは、今の自分を一切否定せず、まずは受け入れてもらうことから始める究極の「自分サイズの幸せ探し」なのです。

プラスこそあれ、マイナスになることはないと断言します。アルバムセラピーは、絶対に誰一人として不幸にしないセラピーです。

強いて言えば、4つ目の「大嫌いのワーク」で、「思い出したくないことまで思い出してしまった」と言われたことが過去2回ほどありました。確かにそのときは不快な思いをされたでしょうが、それでも今後を好転させるヒントや気づきがあったはずだと思っています。

自分サイズの幸せ探し

先に触れたとおり、アルバムセラピーのキャッチコピーの一つとして「自分サイズの幸せ探し」というワードを用いています。自分サイズと聞いてスケールが小さいと思う人もいるかもしれませんが、「幸せ」と感じることは人それぞれ違うわけですから、身の丈に合った幸せでいいという考え方です。

アルバムセラピーを通じて愛と感謝に満たされれば、世の中に画一的な幸せなどなく100人いたら100通りの幸せがあるということを、心から実感できるのではないでしょうか。他人にどうこう言われようが自分が幸せと感じているのなら、それに勝るものはないのです。

別の言い方をすれば、「心の中の幸せ探し」です。相田みつをさんの詩のなかに「幸せは自分の心が決める」というフレーズがありましたが、まさにそれを体現しているセラピーなのかもしれません。

だけど情報が氾濫する今のご時世、成功とはこういうものだ、このようにしなければ成功しない、こんなふうにならなければ幸せになれない、このような考え方をしよう――そのような情報が多すぎて、それらに翻弄されてしまっている人が多いと思います。その理想と現実のギャップで余計に苦しんでいる人も増えているのではないでしょうか。

ただ、何度も言うように幸せの形は人それぞれ。過去の体験のなかに自分が笑顔になれたり、ワクワクできたり、夢中になったものがきっとあったはずなので、それが分かれば今の自分がどうなったら心から幸せを感じられるのかが解明できます。

案外、幸せは足元に既にあるかもしれませんよ。そこに気づいてもらうのが、このアルバムセラピーです。

再び一般セミナーを例にとると、「この程度では幸せとは言えない」「ここまで成功したら幸せを掴みとれる」というように、同じ線引きで画一的な幸せを推奨してくるセミナーが多いです。もちろんその高いハードルをクリアできれば素晴らしいですが、そこに辿り着けないから今の苦しさがあるわけです。

ですから、そんなに遠くの高い目標を無理に目指す必要はありません。今まで自分自身が経験してきたことやうまくいったことが過去にいくつもあるはずなので、もし幸せを求めるのなら、まずはいったんそこに立ち帰ってみることをお勧めします。なぜならその延長線上に、自分サイズの幸せがあるからです。

大きな目標を立てるにしても、まずは自分が何に幸せを感じるかを知ってからでも決して遅くはないと思います。

そもそも幸せとは（もちろん何を幸せと感じるかは人それぞれですが）、自己有用感などの前に、まずは自分自身を好きで愛せている状態＝自己肯定感が土台だと思うのです。

情報過多の時代において、どうしてもキラキラしている他のものと比べての評価やジャッジが自然に起こってしまう。子どもの頃から何かと比較され競争させられる環境下で過ごす人が大半なので致し方ないことなのかもしれません。そして、今は学生も社会人も、すぐに周りと比較して自分がダメだと思い込んでしまうのです。それで心の病に陥る人も増えていますが、その思考になると苦しいし辛いだけ。だからこそ、セラピーを通じて、ありのままの自分でいいことに自発的に気づいていただきたいのです。

「自発的」というのがポイントで、確かに世の中には「何物にもならなくていい。今のあなたのままでいい」といった常套句で伝えている書籍やカウンセリングはちまたに溢れていますが、それらは基本的に理屈による説得なので、人はなかなか納得できないし変われない。「じゃあ、具体的にどうすればいいの?」と突っ込みたくなってしまいます。

そこがアルバムセラピーが他とは圧倒的に違うところ。写真などを通じて具体的に受講者の心に感情として感謝や愛情が自然にわいてくるので具体的で納得でき、行動が変わるのではないかと推測します。

人間は感情の生き物ですから、いくら学歴や地位や名誉や財産がたくさんあったとしても、それが幸せには直結しません。そのことを人は皆、魂レベルの本心ではきっと分かっているはずなのに、一般的にすごいとされる学歴や地位や名誉や財産を求めることが正しいし、成功だと勘違いさせられるがゆえに、むしろ幸せは遠のいてしまうのではないかと思っています。

繰り返しになりますが、本当に大切なのは自分軸。

自分がどんな人間で、どんなことに幸せや喜びを感じ、どんなことにワクワクし、どんなことが好きで、どんなことが嫌いだったか、辛さを感じたか。こうした要素は人それぞれ違うので、個々にアプローチしないかぎり本当の答えは見えてこないのです。しかも純粋で天真爛漫だった幼いころまで遡らないかぎり、本当の自分には出会えないのではないかと思います。

爬虫類が苦手で見るのも嫌だという人もいれば、大好きでペットとして何体も飼育している人がいるというように、対象物は同じでもその捉え方は全く違います。にもかかわらず、社会を見渡してみると多くの人が右に倣えの精神で、みんなと同じなら安心で正しいという風潮はいまだ根強く残っているように感じます。

今の教育制度にしても、偏差値を上げて名門校を出ていい会社に就職するのが偉いといった、画一的な価値観は昔からさほど変わっていません。そもそも今の子育て世代の方々が、そんな価値観を持った親に育てられているので仕方のない面はあります。でも、やっぱり子どもたちが個々に持つ能力を見極め、尊重し、それを伸ばしてあげてほしいと願います。そうなればきっと、個を尊重せず世間体などを重んじるという負の連鎖が止まり、ありのままの我が子を心から愛することができて無償の愛を子どもたちに届けられる親がもっと増えていくのではないでしょうか。そしてこのことが腑に落ちるというのも、アルバムセラピーの素晴らしいところだと思っています。

１００点満点中99点がダメな子でも、残り1点がものすごく光っている子どもはいます。そういう子に対して「お前は何もできないからダメだ、お前には無理だ」と言ってしまうと、その子の心は閉ざされてしまいます。子どもたちの心の扉を閉ざしてしまわないための親へのアプローチ手法としても、アルバムセラピーは最適かもしれません。

生まれたての赤ちゃんの時の写真を見れば、「存在してくれるだけでありがとう、十分幸せ！」と、たった一枚の写真がその真実を伝えてくれますよね。

トラウマ外し（応用講座）

アルバムセラピーには先に説明した基礎講座のほか、応用講座もあります。簡単に言えば基礎講座の深掘りで、別名「トラウマ外し」。いまの自分が抱えている苦手意識や劣等感、無価値感といった負の感情を払拭するための講座です。

最初に行うのは、感情のライフラインの作成です。基礎講座の「大好き」「大嫌い」で掘り下げた感情を元に、人生における山あり谷ありの感情を折れ線グラフのようにグラフ化していくのです。

ここで大事なのは、個人的な感情を起点にすること。

例えば、A君が高校時代に野球部で甲子園出場を果たしたとします。甲子園は全国の高校球児の目標ですから、普通に考えればきっと本人は嬉しいに違いないと思いますよね。だけどそのA君が補欠だったら、あるいはレギュラーだったのにケガで試合に出られなかったとしたら、嬉しいよりも悔しい感情が勝っているかもしれない。

このように外から見た一般論でなく、あくまでも自分軸の感情で捉えることに重点を絞っています。親や世間の価値観が介在していない、あなた自身の心が喜んだか悲しんだか、自分軸のラインです。

このケース同様、例えば東大に受験合格したと言えば、普通は誰もがすごいと思うでしょう。両親も諸手を上げて喜んでいるはずです。だけど東大入学は自分の意思ではなく、本人はミュージシャンになりたいと考えていて、本当は嬉しくないと思っているかもしれないのです。

感情のライフラインが山なのか谷なのかは、周囲や世間の評価を度外視して、必ず自分の心に聞いてくださいと伝えています。

トラウマのメカニズム

実は私自身もかつて、レッテルやトラウマに悩まされた経験をしています。

その影響で、幼少期から二十歳くらいまで、私には笑顔の写真がありません。いつも仏頂面で、周囲からは不愛想、こわい、話しにくい、笑わない人というレッテルを貼られていたのです。

今思えばその原因は、母から笑顔を強要されたことにあったのだと思います。母はよく、「女は愛嬌だ、笑いなさい」と幼い私に言っていました。それで私もうまく笑おうとするのですが、そのプレッシャーからか笑顔になれない。笑えないと、また叱られる。それで頑張って笑おうとするのだけれど、やっぱりうまく笑えない……。こうした悪循環によって私は笑顔が苦手だと思い込み、レッテルを自分の心にどんどん刷り込んでいく。結果、その思い込みはますます強固なものとなり、確信となり、性格も変わって自分の個性にまでなっていきます。

そんな私がアルバムセラピーを発信していくなかで、一枚の写真と出会い衝撃が走りました。

それは3～4歳の頃の私が、みかん片手に大口を開けて大笑いしているモノクロ写真。この写真を観たときに、

「笑えない」というレッテルを剥がしてくれた、馬鹿笑いしている私

「これは、紛れもなく私自身だ。私のなかにこんなふうに笑える自分がいるってこと？　それなら、今も大丈夫かもしれない」と、急に自信が湧いてきました。

そう、私はこの写真から、自分のなかで勝手な思い込みをしていたことに気づかされたのです。

私は、「笑顔が苦手ですねん」と言って生まれてきたわけではありません。その後の人生のどこかで「笑えない子」というレッテルを自分自身に貼り付けてしまい、その刷り込みをしていったのは、他の誰でもなく私自身だったのです。だけど、事実が映し出された一枚の写真と出会ったおかげで、私はその日から少し笑顔に自信が持てるようになりました。

「えっ？　長いあいだ私が勝手に勘違いしていただけなの？」

と、納得することができたのです。

この経験は、心理学の書籍などから理屈で教えられるより、そんなことないんだよと他人から言ってもらうよりも、強力な納得感と共に私の心にストンと落ちました。

たった一枚の写真が、私の長年抱えていたトラウマを払拭してくれたような気がします。

アルバムセラピーを体験された方々は「驚いた！」とよく口にされますが、これと似たような発見や気づきがあったとすれば、確かにそのような表現になると思います。


私に笑顔を強要した母も、まさか私がトラウマを抱えるなどとは全く考えておらず、むしろ私のために良かれと思ってアドバイスしてくれていた愛だったんだと今は分かります。でもその何気ない一言がトラウマを生み、思い込みによってどんどん自分自身にそれを刷り込み、いつの間にかレッテルを貼ってしまう。こうして自分のコンプレックスに悩んだり、自信を失っているという人は、決して少なくないと思います。

「お前は不細工だな」という父親からの何気ない言葉にひどく傷ついた少女が、きれいにならなければならないと思い続けた結果、どうなったと思いますか。

大人になった彼女は美容整形に何千万円もつぎ込み、繰り返し自分の顔に手を加えるようになってしまいました。もしかしたら、お父さんは本気でそんなことを思っていなかったかもしれません。しかしその一言が彼女のなかで雪だるま式に膨れ上がっていき、「自分は不細工」という思いだけがモンスターのように大きくなって「思い込み」という強敵（強迫観念）を自分のなかに創り上げてしまったのでしょう。

取り返しがつかず、死ぬまで苦しめられてしまうケースもあるのかもしれません。

親にぼそっと「あなたはどんくさいからね」と言われて「自分は運動が苦手」と思い込み、そのせいで体育の時間が苦手になってしまうなど、子どもの純粋な心はこういった親や大人からの何気ない言葉でいとも簡単に傷ついてしまうものなのです。

私はこれを「心に突き刺さった言葉」と定義しています。

子どもの純粋な心には、いとも簡単に親の言葉が突き刺さってしまいます。

たとえ、その言葉が真実ではなかったとしてもです。

そして、心に突き刺さったままの言葉の剣を抜く機会がなければ、大人になるまでずっと長いあいだ、それは子どもたちの心により深くより強固に入り込み、刷り込まれ、苦手意識や劣等感、自信喪失、無価値感、トラウマとなって心に住み着いてしまうのです。

言葉の剣を抜く機会を早期に設けて、ありのままの自分を肯定できたり、自信を持てたり、本人の存在をそのまま認めてあげられる機会を教育の現場に創りたいと考えています。

しかし、実際、長い年月で刷り込まれたレッテルやトラウマを払拭するのはそう簡単ではありませんよね。

トラウマを克服するための心理学に基づいた書籍などもたくさん出回っていますが、それらは理屈での説明が主なので、理解はできても実際に改善するのは難しいのではないでしょうか。

一方、昔の写真に写っているのは全て事実で、何のレッテルも劣等感も無価値感もない、純粋な可能性の塊の自分がそこに存在しています。その写真を一枚観るだけで、理屈抜きで全てが理解でき、納得できるのではないでしょうか？

周りから心ないことを言われ、自分でもそう思い込むことで、自身の意識に深く刻み込まれてしまう。これが、自身の経験を通じて知ったトラウマのメカニズムなのですが、今現在もトラウマや劣等感に苦しめられている人は大勢いると思います。それを簡単なメソッドで本人が気づけるのも、アルバムセラピー応用講座の特徴です。ある受講者から「ある意味、アドラー心理学よりすごいかも」と言われたことがありますが、それほどの効果を実感してもらえるのは、自分の過去の写真を用いて自分だけの答えを探しに行けるからかもしれません。

理屈や理論、考え方を学ぶのではなく、最も自分の心に深く寄り添ってくれる唯一無二の教材——写真やアルバムを感情と共に掘り起こすという作業をするのみなので、無理なく自然体で事実だけを淡々と受け入れられるのでしょうね。

シンプルで具体的で分かりやすい、というのもアルバムセラピーのメリットです。
そして、時には忘れていた過去の勝手な思い込みに気づいたり、本当はそうではなかった真実を改めて発見できたり、過去の勝手な意味づけを書き換えることができたりするから、驚きを伴い、人の幸せのお手伝いができるのかもかもしれませんね。

もちろん、たった3時間のセラピーで自分の過去の写真を観たからといって、深く刻まれたトラウマを克服できるとは申しません。トラウマの払拭はそう簡単なものではないし、医療ではないので「治ります」「改善します」とは言い切れないのですが、間違いなく言えるのは、トラウマになる出来事が過去のどこかに必ずあったはずなのです。だからこそ苦手意識や劣等感のない頃の自分にタイムトリップすることで、自らが抱える根本的な問題を克服する糸口が見つかるのかもしれないのです。

それを発見しやすくする応用講座のなかに「トラウマ前後」というプログラムがあります。トラウマで悩んでいる人は、赤ちゃんの頃からの純粋な心に〝トラウマ＝劣等感〟が付いてしまう出来事が必ずあったはずです。「トラウマ前後」は、文字どおりその前後のタイミングを発見するメソッドです。

なお、応用講座では講義終了後、マイナスの思い込みやレッテルを貼る前の自分自身の写真、いわば〝レッテルをはる前のご自身の写真〟を写真立てや写真ケースに入れてお渡しします。

私も、レッテルを剥がしてくれた笑顔の写真の横に「笑顔・大丈夫、ありがとうございます」と書いて、いつでも視界に入るようデスクに飾っています。笑顔を忘れそうになったりするときは、その写真を観て元気をもらっています。

何気なくラジオを聴いていたときの話ですが、澤穂希（サッカー2011 FIFA女子ワールドカップ優勝時のキャプテン）さんは、幼少期にいつもお母さんから「あなたの笑顔は最高ね、あなたの笑顔は最高ね」と声掛けをされていたという話をしていました。それを聴いたとき、私の母も澤選手の母も、きっと同じ想いだったのではないかと気づいたのです。その伝え方や言葉の掛け方が真逆なだけで、どちらも「笑顔が素敵な女の子になってほしい」という母親の愛情が元になった言葉なんだと理解できたのです。

「女の子は愛嬌、だから笑いなさい」と叱るのと、「あなたの笑顔は最高ね」と褒めるのとでは、一見すると真逆のようですが、実は両方とも子を思う母の愛情に起因した言葉です。大人になった今、冷静に俯瞰して捉えれば理解できますが、子どもにはそれが分からないことが、非常に厄介なんだと思いました。

親は愛を持って「女の子は愛嬌、だから笑いなさい」と言っていても、子どもはそんな親の愛が分からず、言葉をそのまま受け取ります。すると「笑わなきゃ叱られる」という発想になり、それが強迫観念となって自然に笑えなくなってしまう……。これと似たようなケースは、他にも充分に起こり得るのではないかと思います。

私自身大人になって花博のコンパニオンの仕事をしたとき、「あなただけ笑顔がなっいないのよ！」と叱られました。確かに私だけ自然な笑顔とは程遠い、こわばったつくり笑顔しかできないのです（笑）。

この事例から、言葉選びはとても大事だということが分かります。ただ、完璧な人間がいないように完璧な親もいません。たまたまイライラしていたり、感情的になったりして、心無い言葉を発してしまうこともあるでしょう。人間は感情の生き物である以上、これは仕方のないことだと思います。

私は、アルバムセラピーを通じて傷ついた心を修復し、「全てが愛なんだ」ということに気づける機会を、一人でも多くの方に提供したいと願っています。

一対一のカウンセリング

アルバムセラピーメソッドでは、基礎講座、応用講座に加え、必要に応じて一対一の個人カウンセリングも行っています。心の病を抱えている人やその周囲の方を対象とした、マンツーマンのヒーリングです。心の病が原因で生じる鬱や自殺、不登校、いじめ、虐待、DV、孤独、引きこもりなどの改善を目的とします。

例えば自殺を考えてしまうほど悩んでいる人は、とても視野が狭くなりがちです。その閉塞感から自分に自信が持てなくなり、自己否定や無価値感に苛まれてしまうのではないかと思います。自分なんて生きている価値がない、自分がいなくなっても誰も困らない……そう思い詰めてしまうのかもしれません。

ただ、実際には自分を愛してくれる親が周りにいたから今があるわけです。親がいる、祖父母がいる、兄弟がいる、友だちや恩師がいる。もし自分が死んだら悲しんでくれる人がいる、というように、少し視野を広げて自分が生まれたときまで遡ってみると、たったそれだけで心がフッと楽になります。そして、近視眼的に捉えていた今の思い込みが、実は勘違いであったことに気づけたりします。その境地に理屈ではなく納得感を持って辿り着けるのが、アルバム（過去の写真）の力なのだと思います。

追い詰められて周りが見えなくなってしまったとき、自分が愛されていた記憶を再発見して感じてもらうことができるのです。

過去の自分に出会いに行くことで、親からとても大事にされていたとか、昔は笑顔の写真が多かったとか、子どもの頃は一番幸せだったというように、様々な思いが蘇るでしょう。

そして、昔の自分から自信や元気をもらえたり、自分の価値に改めて気づけたりするはずです。

結局、自信喪失の原因は自らのコンプレックスにあります。

自分に自信が持てないのは、勝手に今の自分がダメだと思い込んでいるだけ。だから、そんなマイナスの思い込みが一切なかったときまで遡り、輝いているときの自分に会いに行けばいいというシンプルな発想ですね。

今自信が持てなかったとしても、過去には自信に満ち溢れていた頃があったり、思いっきり笑顔だったり、天真爛漫だったりしていました。人は忘れる生き物なので、それを忘れてしまっただけのことかもしれませんからね。


しかしこうしたことは、セミナーや書籍などから理屈で教えられても意外と分からないもの。「あなたは既に完璧。既に素晴らしい。価値ある一人の人間だから大丈夫」と言われても、それを証明できないので実感が伴わないのです。一方でアルバムセラピーには、自分の過去の画像という紛れもない事実がある。

例えば、企業から50件を超える不採用通知をもらって立ち直れないほど落ち込み、自分に価値がないと決め込み自殺を図ろうとしていた就活生がいました。

そんな彼に、「あなたの全てが否定されたわけではない」ということを、具体的な証拠と共に気づいてもらえるのがアルバムセラピーなのです。

笑顔が素敵だというのも充分な価値。優しい気持ちを持っているのも素敵な価値。お年寄りに席を譲れる思いやりの心や、ひたすら一つのことを黙々と地道にやり続けられること、世間では評価されなくてもたった一人から必要とされていたら、それも立派な価値です。

全ての人の人生に価値があり、価値のない人生など一つもない。私は過去に明治生まれの当時１００歳前後の方々の取材をするため全国行脚したとき、このことを実体験として気づかせてもらえる機会に恵まれました。

誰一人として無価値な人はいないし、全ての人の命はプライスレス。優劣も上下もない、本当に素晴らしい人生ばかりでした。アルバムセラピーでは、こうしたことにも自然に気づかせてもらえたりします。

過去の自分の写真からこのことに気づいてもらって、今より少し心を楽にできたり

元気になってもらえたら、

「あなたはあなたのままでいいんだよ」

と、今の自分をまずは丸ごと全肯定できるきっかけとなったら、人は少し生きやすくなれそうです。

また、アルバムセラピーは、心が弱っている人だけを対象にしているわけではありません。一見元気そうな人も、幸せそうな人も、他人が羨むような生活をしている人も、多かれ少なかれ悩みは持っているものです。悩みのない人間は一人もいないそうですから。

自分の本当にやりたいことが見つからない人、あるいは自分が掲げた高い理想に到達できないというギャップに苦しんでいる人も少なくありません。だけど本当の幸せは、すでに自分の心の中に存在しているのです。

身近に、アルバムセラピーによって命が救われたという女性がいます。

彼女は幼少期は親から酷い言葉の暴力を受けて育ち、結婚後は夫から日常的なＤＶに遭っていました。そんな彼女はお酒に溺れ、脳梗塞で倒れて入院するのですが、そんな自分の人生に嫌気がさして、毎日のように自殺を考えていたそうです。

そんなときにセラピーのサイトを探していて、アルバムセラピーを見つけ、興味を持ち、受講してくれたのです。

彼女は、アルバムセラピーによって自分が輝いていたときのことや大好きな人のことを思い出し、心の支えを見つけ出すことができました。そして彼女は安堵の表情を浮かべながら、

「嫌いだった自分を明日から好きになれそうです、自分を必要としてくれる子どもたちがいることにも気づけました。自殺を思い留まって良かった」

と言ってくれたのです。

それを機に社会復帰するきっかけを作れた彼女は、自宅でもアルバムセラピーを繰り返し行い、涙を流しながら何度も心を浄化させたそうです。

彼女が言うには、アルバムセラピーは一度やったら終わりではなく、2回目は初回で届いた過去の自分からのメッセージの深さよりも、確実に深い気づきや新たな発見が促されるそうです。

忘れていた過去を掘り起こしていく作業は、段々と深く興味深いものに変わっていくこともあるそうです。

彼女は実体験を踏まえてこんな解説をしてくれたのですが、この話を聞き、改めてアルバムセラピーの奥深さを感じました。

自分探しの答え

そもそもアルバムとは、結婚や葬儀、引っ越しの際に出してきて「懐かしいな〜」と眺めるようなものというのが一般的な概念だったと思います。

ですが、アルバムセラピーの手法を用いて、アルバムの中にタイムトリップしながら丁寧に自分を探しに行くと、意外と自分探しの旅にピリオドを打てる体験ができたりすることがあります。

セラピー終了後、受講者は「初めての経験で驚いた」「アルバムをこんなふうに観たのは初めてでした」「涙が溢れました」など、自身が感じた衝撃や感動について話されることも多いです。何百万円、何百時間をかけて自分探しに奔走したという知人の女性経営者から、

「今まで受けた自己啓発講座のなかで間違いなくナンバーワンです」

とも言われました。

この経営者に限らず、「自分はいったい何者なのか」「本当は何がしたいのか」と自分探しに翻弄され、疲れてしまっている方は多いですよね。そんなとき答えを求めて外部に行きがちですが、そこに答えはありません。7つの習慣やアドラー心理学といった著名な考え方やメソッドを学んだとしても人が変われないのは、外に答えはないからだと思います。

他のメソッドや考え方を否定するつもりはありませんが、その人自身の答えはその人自身の中にしかないので、それを探しに行くのが最も早くて確実だと思います。結局、自分探しの答えは外部からの情報ではなく心のなかにあります。だからこそNL

P（「脳と心の取扱説明書」とも呼ばれる神経言語プログラミングの略称）で2年を費やしやっと得られる境地に、わずか3時間の講義で気づけたりもするのです。

それはきっと、頭に知識を入れ考えることを一切排除し、心で感じることと直感と経験という事実を視覚で再認識していくからかもしれません。

今を生きるのに精いっぱいで、視野が狭くなっている人はたくさんいます。だけどちょっとだけ立ち止まって過去の記憶に旅するだけで、世の中が違って見えてくることがあります。


やはり「忘れていた記憶を思い出す」というのがポイントで、過去が今の自分の近くに来ると考え方も変わります。例えば父から愛されていないと思い込んでいた男性は、父と一緒に電車に乗っている幼少期の写真を観て、実はちゃんと愛されていたことに気づけました。そして最後には、「明日から人生の色が変わりそうです」と涙を流しておっしゃってくれました。

このケースのように、親からの愛情を感じて周囲への感謝が生まれれば、自己肯定感が上がります。自分が本当にやりたいことが見つかれば、今後の人生の方針がはっきりします。マイナスの思い込み＝（トラウマ）が外れれば、もっと自分を愛することができ、自信が持てるのです。実際の効果は大なり小なり個人差はあるものの、必ず何らかの気づきが得られるので、全ての人にアルバムセラピーを受けてほしいと心から思っています。

第二部

アルバムセラピーがもたらしたもの
〈事例〉

1 心で感じましょう

赤ちゃんのときからのアルバムにあるものとは

第一部で述べたとおり、アルバムのなかには家族、両親や兄弟、親戚、友人、恩師、先生、上司、同僚、絆、愛情、友情、生家、訪れた場所、ペット、音楽、におい、手料理、ことばといった、自分にとって大切なものが詰まっています。もちろんその記憶は一人ひとり違っており、その人にしか分からない、かけがえのない思い出です。人は記憶でできていますから、人生の全てがあると言っても過言ではありません。

そのなかでアルバムセラピーは、生まれたばかりの頃から現在に至るまでの写真を使う点に大きな意味があります。学生時代の卒業アルバムだけでは絶対に分からないところまで掘り下げるからこそ、アルバムセラピーの真の効果が発揮されるのです。特に人間が可能性のかたまりのような赤ちゃんの頃や天真爛漫な幼少期のアルバムは、それを使わなければアルバムセラピーではないと言えるくらい大事なものです。

知識ではなく、心で感じる

アルバムセラピーを開始する際、まずは、

「今日は頭ではなく心を使ってください。考えないで感じてください」

と伝えます。人間は感情の生き物なので、心で感じたことだけが深く思い出として刻まれています。だからこそ感情を起点に自分の過去を掘り下げ、それを引っ張り出すことに大きな意味があるのです。


逆に言えば、ただ何となく写真を眺めたり、写真に写っている出来事を頭で考えているうちは、アルバムセラピーで得られる有益な感情には決して辿り着けないでしょう。

人間は〝忘れる〟という性質を持っているので、いくら頑張って勉強したとしても、理屈で覚えた知識をずっと覚えていることは不可能です。若いうちは覚えていても、歳を経ると学んだ知識を思い出しづらくなるということは、きっと誰もが経験していると思います。ただ、強烈に感情が動いたことや深く心に刻まれていることはその逆で、たとえ今の自分が忘れていたとしても、写真を道具として使い感情を起点に過去を掘り下げることで、当時の感情や心のありようを鮮明に思い出すことができます。

女性起業塾の講座を依頼されたことでスタートしたアルバムセラピーですが、受講者の皆さんの反応からまさに「サプライズギフト」を提供できそうな講座だと実感しました。「セラピーを通じて大好きなことが見つかった」「なぜ自分がこの分野で起業したいのかが腹落ちした」「驚きました。たった3時間で自分探しの旅にピリオドが打てそう」など思いがけず好評を多数いただいたことで、他にもお役に立てるかもしれないから様々な人たちを対象に展開してみようと考えました。そしてカテゴリ別のメソッドを色々と考案してきました。

そして現在は基礎講座以外に小・中・高生向け、就活生向け、母親向け、高齢者向け、企業向けなど、セラピー内容をそれぞれの属性向けにカスタマイズした講座も行っています。小学生向けならば、例えばいじめ予防、自己肯定感の高まる授業や命の授業、就活生向けならば自分軸発見や自己PR、高齢者ならコミュニケーションアルバム作成、自分史アルバムの作成といった具合ですね。

その延長線上として、現在は学校教育のプログラムとして文部科学省認定の企業参加型の土曜学習応援団の授業として登録、全国の教育委員会を通してパソコンを使った授業推進の一環として、子どもたちの愛されていた記憶＝自己肯定感アルバムの作成＆プレゼン授業（自分物語）や、大好き探しアルバム（自分図鑑）の作成＆プレゼン等の導入も少しずつ進んでいます。

また、就活生支援企業とのコラボ講座の開催や、高齢者施設の企業様と要介護状態の改善にアルバムセラピーが一定の効果を発揮するのではないかということで、共同開発をしていくことになっていたりもします。

では、カスタマイズしたアルバムセラピーについて、順次、解説していきます。

内　容
• GIGAスクール構想で配下された、PC・iPadを活用。自分だけのアルバムページを作成し、自分の作品で自分をプレゼンします。 • PC操作やデザインを学びながら、自分アルバムの作成を通して自己発見や人とのつながりを再認識、相互の発表を通して、自己肯定や他者受容、他者への思い遣りの気持ちが芽生えます。
• GIGAスクール構想で配下された、PC・iPadを活用。自分だけのアルバムページを作成し、自分の作品で自分をプレゼンします。 • 自分に大切なもの、強みや弱み、本当に好きなことなどを再発見し、夢、進路についてしっかりと自己認識ができるようになります。
• 学校、施設、課題、ご要望に応じてオリジナルカリキュラムを作成いたします。 • 指導に活かしていただける、先生方への講座もご用意いたしております。
• PC/iPadを使わずに、手作業で大好きなもの（人）アルバムを作成します。 • 子供たちの大好きを探し、自己の再発見と相互発表から自己肯定感と他者を受け入れる気持ちも生まれます。
• 写真やデザインの切り貼りなど、図工的な要素も交えながら、子供たちに自分の好きなもの・なりたいものを再確認してもらい、将来に夢を描く気持ちを持ってもらえます。 • 子供たちの夢を声と写真で残せます。
• アルバム作成で親子のコミュニケーションを通して家族に「愛されている記憶」を残すことで子供たちの未来の宝物を作ります。
• 楽しくキットを作成しながら、子供たちに自分の好きなもの・なりたいものを再確認してもらい、将来に夢を描く気持ちを持ってもらえます。 • 子供たちの夢を声と写真で残せます。
• ついイライラしたり、不安になったり、そんなお母さんのお悩みを解消するお手伝いができるワークショップです。
• 自分の写真を素材に、自分は一人ではないこと、自分にできること、を再発見していただきます。 • コミュニケーションが活発になるだけでなく、新しい目標設定も行い、暮らしに張りを持っていただきます。
• 施設様の抱えている課題、ご高齢者様へのお取り組みに合わせてオリジナルワークショップを構築いたします。
• 自施設内単独でワークショップが行えるようになるための、スタッフの皆様向けのナビゲーター講座です。
• 相互理解を深める、相手を知る、自分を知ってもらうという入社後のビジネスで必要なポイントに重点を置いた新入社員向け研修。
• メンバー同士、部下↔上司、の相互理解を深めるための研修。ビジネスが円滑に進められるチームの基礎を構築します。
• 従業員へのケアのためのワークショップです。 • 福利厚生の一環としてご活用いただけます。
• 就職活動に向けて、自分がやりたいこと、強みや弱み、心に深く刻まれたことを原体験から発見します。面接対応の強化と、入社後のミスマッチの軽減ができるようになります。
• 夢ふぉとが実施するセミナーや授業などのナビゲーター・アルバムセラピストとして活動したい方の資格獲得講座です。 • お仕事として活かせるようになります。
• 女性起業家やママプレナーの為の起業の動機、本当にやりたいこと、自分の中の大好きが見つかります。自分サイズの幸せ探しの講座です。
• ついイライラしたり、不安になったり、そんなお母さんが、子供への愛情を再認識し、心のゆとりを生むきっかけになる講座です。

アルバムセラピー講座一覧

大分類	講座名	対　象
学校、教育機関向け授業	❶こころを育むアルバム制作 （自己肯定・他者受容・いじめ予防）	小学校・中学校・高校
	❷こころを育むアルバム制作 ～進路選択のための自分発見編	中学校・高校・専門学校
	❸こころを育むアルバム制作 ～その他カスタマイズ	全学校・施設・教員の方
	❹大好きなもの探し／自分再発見 プチアルバム作り	小学校・中学校
	❺夢を持とう！夢を残そう！「大きくなったら」	小学校低学年
保育園・幼稚園向けワークショップ	❶親子の絆を深めるプチアルバム作り	入学前のお母さんとお子様
	❷子供の夢を将来に残す「大きくなったら」	入学前のお母さんとお子様
	❸お母さん・お父さんのための 子育て応援ワークショップ	保護者の方
高齢者向けワークショップ	❶小さな自分史制作	ご高齢者様
	❷施設オリジナルワークショップの構築	施設様
	❸施設のスタッフ様向け講座	施設スタッフの方々
企業向け研修	❶新入社員研修	新入社員の方
	❷チームビルディング研修	経営者 / 従業員の方
	❸メンタルヘルスケアワークショップ	経営者 / 従業員の方
個人向けセミナー	❶就活生向け自己分析セミナー	個人 / 団体
	❷夢ふぉとプログラムの ナビゲーター・アルバムセラピスト養成講座	個人
	❸女性起業講座	個人 / 団体
	❹己育てアルバム塾	個人

2 小中高生に向けて

「命の授業・いじめ対策授業」「大好き探しの授業」

最初に紹介するのは、小中高生に向けた、子どもたちにとって将来宝物となる自己肯定感を受け取れるページの作成講座（自分物語・パソコン授業）、また「命の授業＝いじめ対策授業」（自分相関図）、「大好き探しの授業」（自分図鑑）等です。

学校教育の特別授業カリキュラムに、アルバムセラピーのメソッドを付加した体験型授業を展開しています。ワークショップでは自己受容、他者受容、相手を思いやる精神や自己肯定感といった、人として大切な心（非認知能力）を育むことが狙いです。

まずは「命の授業・いじめ対策授業」に関して、命の大切さについては様々な団体や機関が啓蒙しており関連書籍や絵本などもたくさんありますが、それを自分自身の写真で行うというのがこのテーマの趣旨。このワークでは、それぞれの家族の写真を用いて命がどこから来ているのかを考えるところから始まります。そして、命を遡ると全てが繋がっているという事実が理解できるワークシートを用いることで、両親や祖父、曽祖父など先祖の誰か一人でも欠けていたら自分がいないということを、家族の写真を観ながら感じてもらいます。

ワークの最後に各自が気づいたことや感じたことをシェアするのですが、そこで挙がった子どもたちの感想をいくつか紹介します。

- 「人間は誰もが繋がっているということを実感しました。いじめられていたり苦しんでいる子がいたら、このことを意識しながら助け合いたいと思います」（6年生女子）
- 「皆の家族が繋がっていることに気づいたとき、すごく嬉しかったです。なぜなら、家族が増えたような気がしたからです」（5年生男子）

・「もし誰かがいじめられたら、その家族の人も悲しい気持ちになるかもしれないと思いました。皆繋がっているから、仲良くしたほうが良いと思う」（5年生女子）
・「いじめはよくないと思いました」（3年生男子）

このように、ワークを通じて、多くの子どもたちが心で感じてくれます。子どもたちの感じる力と想像力を信頼して、行うワーク。この経験を通じて、周囲への感謝や思いやりの気持ちを育んでもらえたらと考えています。

そして命の授業は、いじめ問題の改善にも繋がるかもしれません。子どもには理屈で「いじめは良くないこと」と伝えても、いじめる子はいじめます。なぜいじめてはいけないか、その理由が分からないからです。そんな子たちに、いじめている相手にも両親がいて、兄弟姉妹がいて、祖父母がいて、曽祖父母がいて、ということが一目で伝わる図と写真を観てもらい、感じてもらいます。子どもたちの感じる心や想像力を１００％信頼します。「この子をいじめたら何人の人が悲しむだろう、いじめていた子にも自分と同じように親や兄弟、おじいちゃんやおばあちゃんがいるんだ。なら きっとその人たちが悲しむことになるんだな、ならやめよう……」という気持ちになっ てくれるかもしれません。

いじめ予防の授業というのは、つまるところ、相手の立場に立って思いやるということに気づき学ぶ授業でもあります。いじめはいけないということを理屈で説明しても事態はよくならないでしょう。そんなことは子どもたちも知っているのですから……。子どもたちが内から自然に感じてそして行動してくれることを信頼します。感じるから人は自らの意思で動きます。アルバムセラピーの特徴として「行動変容」が起こりやすいという成果があります。他の頭で学ぶ方法よりも、いじめ予防授業としては優れた方法と言えるのではないでしょうか。

また、過去には道徳の時間などに「人への思いやり、親切、やさしさが大事」と教えられました。しかし、思いやりの心を教える具体的な方法というのはどうでしょう？

私は確か「相手の立場に立って考えるようにしましょう」と教えられたことを覚え

ています。そのことは何となく頭では理解できますよね。ですが、どうすればそういう気持ちが自然に心に湧くのかは教えてもらいませんでした。

その具体的な方法としてこのセラピーでお伝えできるのが「相手のことを知れば知るほど相手のことが理解できるから、相手のことを深く思いやれる気持ちが自然と湧いてくる可能性があるということなんです。

セラピーを通じて人には全員親がいて家族がいるという当たり前だけれど見えていなかったその人の背景が見え出すと自然に人への理解は深まりますよね。

結局、視野が狭く目の前にいるその子しか見ていないからこそ起こり得るいじめの問題を相手の背景にまで視野を広げて、相手にもその子のことを大切に想う家族がいるんだということを子どもたちに想像し感じてもらえたなら自然に思いやりの気持ちが生まれてくるでしょう。

いじめっ子は周りから理屈で注意されてもいじめはやめませんが、自発的にいじめをやめようと思えたなら、いじめはやめます。そんなふうに子どもたちの中にある「感じる心＝感情」と「想像力」を信頼して作られたプログラムが、「命の授業・いじめ予防授業」です。

生物の中で人にしか備わっていない唯一の力、それが「想像力」です。

この授業が全国の学校に広がり、いじめによって失われる恐れのある子どもの命がもし仮に、1つでも救うことができるとすれば、この授業にはプライスレスな価値が宿ると思っています。

「自分の中の大好き探し」

もう一つの小中高生向けプログラムが、「自分の中の大好き探し」というワークです。

今の子どもたちは先生に褒められたいからとか、親が喜んでくれるからといった理由で、つまり親や先生の価値観でピアノや書道などの習い事や勉強をしてしまっているケースが結構多いのではないでしょうか？　本人が大好きであればいいのですが、そうでないことも往々にしてあり、本当に好きかどうか、自分で判断できないまま頑張っているかもしれません。これは、今の日本の社会の教育制度にも関連してくることなのだと思います。

そのなかで、子どもたちが自分自身の「大好きの気持ち」を見失わないようワークを通じて子どもたち自身の本当の心の声に耳を傾けてもらい大好きを探していきます。そうするともしかしたら親や周囲が気づいていなかった、子どもたちが本心から「夢中になれること」「心がワクワクすること」「飛び切りの笑顔になれること」等から新たな発見があるかもしれません。

私はこのワークを通じて子どもたち自身の心が純粋に大好きを感じる、魂が喜ぶものが何かに耳を傾ける時間を創ってあげたい。そして、本人が自分軸で考えることのできる環境を子どもの頃の純粋な心の時に作ってあげられたなら、将来の幸せづくりに貢献できる気がします。

将来「自己肯定感」を子どもの心に届ける「宝物」づくりの授業

突然ですが、ご存知でしょうか？「愛されていた記憶」＝自己肯定感になるということを。

私がアルバムセラピーを開催してきて実感しているのが、子どもたちの生まれてからの思い出写真が将来確実に子どもたちの宝物に変わるという真実です。

「自分はちゃんと愛されていた」という実感を子どもたちの心にダイレクトに届けることのできる唯一無二のモノ、それが「赤ちゃんの時からの思い出アルバム」なんです。

だからこそ、世界中の子どもたち一人残らずにこの宝物を持たせてあげたいと思います。

そんな想いで作ったのが、「宝物」づくりの講座（授業）です。

例えば子どもたちが将来大人になって、挫折や困難に遭遇した時、孤独感や愛情不足・淋しさから心が壊れかけて辛く苦しくなった時、そっと開いたらその傷ついた心に癒しや安心感、元気の素を届けてくれるような「宝物」を作って、ずっと残るカタチにしておいてあげたい。

開いた時に「大丈夫だよ。あなたは一人ぼっちじゃないよ」「あなたを愛してくれた人がちゃんと傍にいます」「もしあなたがいなくなったら悲しむ人がいるよ」「あなたは今のあなたのままで十分、存在するだけでいいんだよ」といったメッセージを自然に心に届けてくれるツール、それがお金やモノには代えられないプライスレスな宝物＝成長アルバムだとアルバムセラピーは定義しています。

例えば、「赤ちゃんの時にお母さん、お父さんに抱っこされている写真」「笑顔いっぱいの時の写真」「家族に囲まれている頃の写真」「大好きなペットとの写真」「友達や先生と一緒の写真」等……。周りから愛され、愛していた実感、「愛し、愛されていた記憶」が届きます。そうすると、心から湧き上がってくる感情は自己肯定感です。ご存じの方も多いと思いますが、自己肯定感とは自分の価値や存在意義を肯定でき、自ら愛し認め尊重できる感覚のことです。

現代社会における、人の心の問題で社会課題の一つになっているのが二十歳以下の自殺率の著しい増加です。様々な理由はありますが、その原因の一つとして自己肯定感の低さ＝無価値感や劣等感と自殺数の増加には因果関係があると考えられています。

若者の自殺が増加傾向にあることは明らかですし、また、内閣府調べによると日本の若者はアメリカやイギリス、ドイツ、フランス、スウェーデンといった先進諸国の若者に比べて、自分自身に満足していたり、自分に長所があると感じている割合が著しく低いという調査結果もあります。やはり、日本の子どもたちは総じて自己肯定感が低いと言わざるを得ません。

お母さんたちの心に自己肯定感を届ける

ではなぜ、日本の子どもたちの自己肯定感が低いのか。

それは親、特にお母さん（お父さん）自身の自己肯定感が低いからです。

例えばせっかく大好き探しのセラピーで自分が本当に大好きなことに気づけたとしても、親にとても愛されていることに気付けたとしても母親からの心無い一言によって一瞬にして台無しになってしまうケースは少なくはないでしょう。

例えば「好きなことばかりしてないで勉強しなさい」「あんたはバカなんだから」「どんくさい」「無理」「駄目」「なんでできないんだ?」「○○ちゃんの方が偉い、すごい」「お兄ちゃんに比べて駄目ね」等、親や先生=周囲の大人たちの否定的であったりマイナス思考であったりする一言で台無しになってしまうケースも少なくありません。さらに強烈な話になると「死んでしまえ」「産まなきゃよかった」という心に刃物が突き刺さってしまうようなひどい言葉も、人の心が壊れてしまうことで発せられる言葉の一つです。

純粋な子どもの心に大人の言葉というのは強烈に響いてしまいます。そして言葉を発している大人たちは案外、子どもの心に突き刺さって剝がれなくなるような言葉を発していることに気づかずに子どもの心を傷つけてしまっているケースのほうが多いでしょう。

なぜ、そんなことが起こるのでしょう？　子どもの心を傷つけたい、不幸にしたい親や先生などいるわけはないのに……。それは恐らく「連鎖」。親もその親から恐らく心無い言葉を掛けられて育ったのでしょう。人は経験したことしかできないから。ただ、悲しいかな子どもたちにとって大人たち（特に母親）の存在は絶対的です。

だから本当は大人たちがまずは、傷ついた心を癒し自分自身を認め愛して自己肯定し、そして子どもへの愛情を再確認して意識を変え言葉を変えていくことから始めていくというのが大切だと思います。子どもの前にまずは大人からですね。将来子どもに幸せになってもらいたいと願わない親はいないわけですから、気づいてもらえるきっかけさえ作れたら子どもの将来の幸せに貢献できそうです。子どもたちの心に自己肯定感が届けられるなら子どもたちは自分を大好きになって、自信を持って幸せな未来を力強く自分の足で歩んでいってくれるのではないでしょうか。

その機会を作るのも、アルバムセラピーが果たすべき大事な役割だと考えています。

お母さんたちもまた、親からの愛情を感じられなかったがゆえに自己肯定感が低い、あるいはうまく子どもを愛せないといったケースがあります。であれば、自身が愛されていたことに気づき、お母さんの心を癒すことが先だと思います。

自分のなかで「愛されていない」と勝手に思い込んでいたお母さんが、愛されていたと心から思えるような一枚の写真に出会えたら。幼い頃の、両親に抱かれているような写真を観ることで蘇り、ちゃんと愛されていたことを実感できる方は多いようです。親子は繋がっていますから、仮に母親の自己肯定感が高まれば、子どもの自己肯定感も高まりそうです。

人の心は見えませんが、結局のところ傷ついた心を親（周囲の人）の愛情で修復していかない限り自己肯定感の低さから生じる負の連鎖を断ち切るのは厳しいような気がします。連鎖を断ち切らないとその子や孫も自己肯定感が低いままになりかねません。ですからこの真実に少しでも気づいてもらえればと願い、子育て世代のお母さんやその子どもたちにアルバムセラピーを広めていきたいですね。

子どもへの感謝フォトレター

先に記した内容の延長線上として、子育て中のお母さんに向けた「己育てアルバム塾」というプログラムも用意しました。子育ての悩みは、親の自己肯定感が低いことに起因することも多いという点を踏まえ、セラピーを通じて自己肯定感を高めることが狙いです。

自己肯定感の低いお母さんは、余裕がなく心が忙しくイライラして子どもを叱ってしまっては自己嫌悪におちいり、寝顔を見ては謝るのくり返し。そして、自分を責め続けている人も多いかもしれません。そんな自分をいつも反省するのですが、子どもに対してなかなか素直に謝れない……。それでまた焦燥感に苛まれ、時には手を上げてしまったりする……。お母さんたちも日々葛藤し、自分の心と戦っているのです。

そこで「己育てアルバム塾」ではアルバムセラピーの基本講座を受けてもらった後、月に一度の「子どもへの感謝フォトレター」を贈るところまでを一連のプログラムに組み込んでいます。

子どもへの感謝フォトレターで行うのは、文字どおり我が子に対して写真付きの手紙を書くこと。ただ手紙を書くのではなく子どもが生まれてからのアルバムや写真の中から好きな写真を一枚選んでもらい、その写真を観て湧き出てくる感情をそのまま手紙に書き落とし、子どもに渡してもらいます。この作業を月に一度、定期的に行うのです。

この感謝フォトレターを続けていくにつれ、我が子に対して気持ちに余裕が出てきます。自然と「この子がいてくれるだけでありがたい」という気持ちになれたりします。それは過去の写真が今目の前にある現実から心や気持ちを自然に離れさせてくれる力を持っているからです。視野が自然に一瞬で広げられるのが写真の力。その結果、ささくれだった心が癒されたり、子どもや自分自身を責めたくなる心を落ち着かせることができるなど、穏やかな気持ちになれるでしょう。目の前の出来事に心を支配されそうになっていたのに、写真の力によって不思議と些細なことに感じられたり、意外とイライラしなくなったりする、そんな効果が期待できるかもしれません。

このプログラムを実施する際に一つ注意しておきたいことがあります。

例えば思春期の男の子だったりすると感謝フォトレターを渡したとしても「くちゃっとしてゴミ箱にポイッ」とされるかもしれません。それでもそれはそれとしてお母さんは少し辛抱して反応しない練習をしていただき全てを受け入れるようにしてみてほしいのです。これは自分自身のエクササイズなんだという具合に割り切ってみてほしいです。

たとえ手紙を粗末に扱われたとしても、必ず毎月渡して「あなたはあなたのまま存在してくれるだけでそれで良い、感謝」という無条件の愛に毎月心を戻していく訓練になります。そしてそれは、いつか必ず子どもの心に届くと信じます。。

そしてその姿勢が、母親と子ども、双方の心を愛で繋ぎ自己肯定感を同時に育むのです。

3 自己肯定感を高める

負の連鎖を断つ方法

自己肯定感が低くて劣等感を感じたり自分に自信が持てない母親ほど、我が子を自分の思い通りにしたいと「ああしなさい、こうしなさい」と強要する傾向があるように感じます。

その発言は、そんなお母さんの「愛されたい」「認められたい」という不安感から生じるもの。自らが不安だからこそ、「いい大学を卒業して大手企業に入るのが幸せ」といった世間一般の価値観でしか物事が考えられず、結果的に子どもに対して勉強することを執拗に促したり、競争に勝たなければ、という強迫観念めいた感情を抱いたりするのかもしれません。これもやっかいなことに「愛」なんです。でもそれは歪んだ愛だとはお母さんは気づけません。そこに子どもの幸せ阻害要因がありそうです。

もちろん勉強すること自体は素晴らしいことですが、その動機が母親の我欲による愛情である場合があります。否定的な言葉やマイナス言葉で頑張らせようとすると、子どもは「母親に喜ばれたいから頑張る」「叱られるから頑張る」になってしまいます。それは果たして本当の愛情でしょうか。当然ですがお母さんたちは皆それが「愛情」だと思い込んでいます。子どもたちは純粋なのでお母さんをがっかりさせたくはないのです。だからそういうお母さんの元で育った子どもたちは悲しいかな、頑張りすぎたり、自己を否定しがちだったり、できない自分、望みどおりになれない自分に無価値感を抱きやすくなる傾向にあります。その結果として心の病に陥ってしまったり、最悪の場合は自殺という選択肢を選んでしまうケースもあったりします。

人はまずありのままの存在を一番愛してほしい人から認められ「愛されている実感」があれば、とても力強く自分の人生を生きていけるようになれる気がします。

ですからまずはお母さんが自分自身を愛し受け入れることができたなら、我が子も同じようにありのままを受け入れ愛せるでしょうね。世間体や周囲の声に惑わされることなく、目の前の子どもを愛で包んであげれば、子どももお母さんも幸せになれそうです。ですからもし今、子育てに悩んでいたり、思い通りにならないことがあったり、子どもに対し不平不満があるなら、それは自分自身を受け入れていない＝自己肯定感が低いのでしょう。

子どもの価値観を重んじ、あなたはあなたのままでいいという無条件の愛に至ることができれば、子どもも母親ももっと楽に生きられます。ただ、そんなことは理屈では分かっていてもなかなかできないものですよね。そんな時に役立つ具体的なアクション方法が「子どもへの感謝フォトレター」のエクササイズ。狭くなってしまいがちな視野を一瞬で広げて心に癒しと安心感、愛を届けてくれますから。本当にシンプルに大切なことに気づいてもらうためのプログラムなのです。

ケース1 ≫ 一人息子を愛せなかったお母さん

学校の先生をされていたあるお母さんは、小学2年生の一人息子さんを愛せずに困っておられました。そのお母さんは自分はおかしいのではないかとカウンセリングや心療内科など、方々へ足を運んでおられたそうです。そしてアルバムセラピー基礎講座3時間が終わった時に泣きながらその方が話してくださいました。

「人前で泣くのは初めてなんです。私には一人息子がいますが、この子を愛せずに困っていました。この子さえいなければと疎ましく思い生きてきました。それが、この子がいてくれたからという感謝に変わりました。子どもを愛せない母親なんてあり得ないし、自分がおかしいと思い、自分を責め続けてきました。今までどこに行っても改善しなかったのに、この子がいてくれるだけでありがとうという感謝に変わりました」

と発表してくれたのです。私自身、一瞬何が起こったのか理解できないくらいのアルバムセラピーの力のすごさに驚いてしまった体験でした。その後、応用講座に進まれたそのお母さんは、やはり同じようにお母さんからの愛情を感じずに幼少期を過ごされていた過去があり、連鎖していたことに気づかれました。おそらくセラピーを通じ、その思い込みが勘違いだったことに気づけたのだと思います。

ケース2 ワーカーホリックで育児放棄寸前の母親

小学校2年生の娘さんと保育園に通う4歳の男の子という二人の子どもを持つお母さんの話です。いわゆるキャリアウーマンで仕事ができるタイプのお母さんはいつも帰りが遅く、家にいるときもずっとパソコンに向かい続け、食事はもっぱらコンビニ弁当や宅配で済ませていました。子育てより仕事を優先し、部屋の中は荒れ果て、たまに子どもから話しかけられても目も合わさずに適当な返事をするか、「うるさい！」「後にして！」としか返答できない。まさに育児放棄寸前、いわゆるネグレクト状態に近い状況です。そんなある日、そのお母さんは自分のスマホに入っていた一枚の写真を発見して愕然とします。それは、自分が恐ろしい形相でパソコンに向かっている姿。知らない間に子どもがスマホで撮っていた母親の姿でした。その写真を観てハッとさせられ、このままではダメになるかもしれない思った彼女は、何とかしなければと探し求める中でアルバムセラピーと出会います。

そして受講後、プログラムどおり月に一度「子どもへの感謝フォトレター」を渡していくうちに子どもとの心の距離が縮まっていくような感覚と、とにかく子どもの存在に対する感謝の気持ちが日に日に大きくなっていくことに気づけたそうです。そして今のままでは子どもたちに申し訳ないと真剣に考えるようになり、仕事の量を減らして子どもと向き合う時間をしっかりと設けるようになりました。その結果、「ママが〇〇子のママで〇〇子は世界一幸せ」と言ってくれるまでに、我が子との向き合い方が180度改善したそうです。

お母さんたちへの思い

子どもへのフォトレターで写真を選ぶ際、お母さんたちには様々な思いがこみ上げてくるとは思いますが、生まれたばかりの我が子の写真を観て不満を漏らす人は恐らく誰もいないでしょう。視野を子どもが生まれたての頃に戻せると自ずと「無事に成長してくれてありがとう」「存在していてくれるだけでありがとう」というように、感謝の気持ちが自然に湧いてくる人がほとんどです。目の前のいら立ちや怒りの気持ちが一瞬で吹っ飛んでしまい、自然に感謝の感情が湧いてくるのが写真の持つ力の一つだと感じます。

我が子が生まれた日は多くの母親にとって、これほど幸せな日はないというくらいの記念すべき日。きっとその日は生まれたばかりの赤ちゃんを目の前に、「生まれてきてくれてありがとう」と心の底から幸せを感じたのではないでしょうか。だけどそんな気持ちも、日々の育児や仕事、家事といった目の前のすべきことに忙殺され、いつの間にか忘れてしまう。いったんそうなってしまうと、忙しい日常生活において我が子が生まれたときの気持ちに立ち戻る機会なんてなくなりますね。

子育てに悩むお母さんたちの為の子育てアルバムセラピー講座は、日々のイライラやささくれだった心、自己嫌悪に陥りがちな心を和らげてくれるメソッドになります。

感謝フォトレターというところにも意味があって、日々の生活のなかで子どもには照れくさくて口頭で伝えられないような感謝の気持ちも、写真を使った手紙ならば伝えやすく伝わりやすい手法になります。もし自分を愛することができなくて、我が子にどう接すればよいのか悩んでいるお母さんがいたら、ぜひ受けてみてもらいたいですね。

セラピー後、受講してくれたお母さんたちの多くが「帰ったらさっそく子どもたちのアルバムを作ります」とおっしゃいます。アルバムを残す意味や価値の大きさが、お母さんたちの心にストンと落ちるからでしょう。ただ、その言葉自体は嬉しいのですが、逆に言えば現状アルバムを残していない家族が多いということでもあり、そう考えると複雑な心境です。

アナログ中心だった一昔前までは、二十歳ぐらいのときに一般的には4～5冊のアルバムがある状態でした。しかしデジタルの時代になり、撮影した画像自体は山のようにパソコンやスマートフォンに保存しているものの、写真を現像してアルバムに貼って残すという割合が昔に比べて圧倒的に減っています。

実際にアルバムセラピーを受講してくれたり、インターンで来てくれた数百名の現役大学生に話を聞いてみたところ、生まれた時からデジタル世代は特にアルバムを持っている人の割合が非常に少ないことが分かりました。極端な場合、卒業アルバムしか持っていないという学生さんもいました。聞くと、３人兄弟なのにお母さんが幼少期の写真データを全て失くしてしまったらしく、クラウドなどにも上げていなかったため一枚もないとのことでした。何とも悲惨な状況です。

今の子育て世代の考えとして、アルバムとして残さずとも画像データが保存されていれば、確かにそれでいいのかもしれません。ただしデータは実体がないので、パソコンやスマホの故障や紛失などによってある日突然、消滅してしまうかもしれないのです。実際、幼少期の画像データが全て飛んでしまったという話は前述のように身近でも数人は聞いたことがあるのですから、全国には相当数そういったケースがあるはずです。それはアルバムセラピーの力を知っている私にとっては、あまりにも残念すぎます。

「愛されていた記憶＝自己肯定感」ですから、アナログのアルバムを子どもたちが大人になって、辛い時苦しい時に、そっと開いてくれるようなカタチで残しておいてあげてほしいのです。その成長アルバムが、何物にも代えがたいプライスレスな宝物だからです。

少し手間かもしれませんが、ぜひ今の子育て世代の方々にも、子どものためだけでなく、ご自身のためにもアナログのアルバムを一冊だけでも作って残しておいてほしいと願っています。

4 就活生へのエール

就活生に必要な本当の自分を原体験から知る方法

アルバムセラピーは、就職活動という人生の大きな節目の場でも活躍します。用意しているのは「自分軸発見　パーソナルナビゲーション」という就活生向けの講座。自分の中の大好き探しをしてもらい、就活生一人ひとりの可能性を見つけ出し、自分軸の発見や自己肯定感の向上、自信アップに繋げるのが目的です。

私は以前から、世の中にある大手企業から提供されているような自己分析関連サービスが本当に役に立っているのだろうかと疑問に感じていました。例えば就活でまずは自分をよく知るために、大手求人サイトの自己分析ソフトを利用する就活生も多く、「積極性があるほうだと思う」「協調性を重んじるほうだ」といった100問を超える性格テストに「Yes」「No」やそういった傾向を何段階かで答えるものが主流だと思います。ただ、何パターンかある診断結果のなかから「あなたのタイプは○○です」と導かれたとしても、それに納得感を覚える人は少ない気がします。なぜなら私は人間は一人ひとり違っていて当然と考えるからです。例えば4つしかない血液型で4パターンの人間しかいないはずはないのと同様、就活生（人）を数パターンで分類しても仕方がないと思うからです。

そういった自己分析ソフトは、心理学の専門家が膨大なデータをもとにすごい費用を掛けて制作しているでしょうから、診断結果を読んでみて「言われてみれば確かにそうかもしれない」と納得させられたように思うだけですぐに忘れてしまうのがオチ。本来の目的に対してはあまり活用されていない感は否めません。理由は「やりたいことが見つからない、自分は本当は何がしたいのか見つからない」と言い続けている学生や大人が大半だからです。要するに不特定多数に向けた自己分析ソフトでは、無理があるように思うのです。

一方アルバムセラピーでは、元々全員違って当前という前提なので一人ひとりの教材が違います。10人いたら10通り、1000人いたら1000通りの答えが導き出せます。血の繋がった兄弟でさえ全く性格が違ったりするわけですから、全員がそれぞれ違う結果になるのは当然のこと。データベースに照らし合わせて十把一絡げにするのではなく、一人ひとりの個性を発見するお手伝いがしたいというのが基本的な考え方です。特に最近は個の時代、多様性を受け入れる時代と言われています。一人ひとりの個性を大切にする風潮もありますので、その意味でも今の時代に合った就活のお役立ちツールになり得ると思っています。

この就活セラピーはどちらかというと、大手企業に何社もエントリーするような意識の高いいわゆるデキる就活生よりも、不器用で自己ＰＲができないとか、人前で話すことが苦手、自分に自信が持てないといった、就活があまりうまくいっていない学生に受けてほしいと考えています。例えば、100点満点のうち99点駄目でも1点が光っていたりする、そこを発見してあげられるような優しくて無理のない個性発見プログラムで就活生全員の役に立ちたいと考えています。

以前に、とある工業高校の就職課の先生が我が社に学生の受け入れの依頼に来られた際に、まともに自分の名前すら面接官の前で言えなかったり、自己紹介ができなかったり、自分のことをうまく話せない学生が、実はたくさんいるということを聞き少し驚いたことを覚えています。私はそういう学生さんにこそ、アルバムセラピーを受けてほしいと感じました。

人間はだれしも、何か一つは必ず光るものを持っています。筆記試験では到底出てこない能力。例えば、手先が器用とか、とても優しいとか、気遣いができるとか、根気強いとか、今でいう非認知能力に近い能力等です。一般的には面接試験などで評価されないようなことであってもいい。セラピーを通じて各々がその人なりの価値を発見してもらい、それを活かせる仕事を探し出せるよう役立てるなら、とても嬉しく思います。

1%の才能を見出す

この就活セラピーでは、個々人が持つキラリと光る価値を探すことが主な目的です。そこに本人が気づければ、きっと自信が湧いてくるはずだからです。

例えば人が持つ能力で100のうち99がダメでも、残りの1が光るものであれば、その人は職場でその1を輝かせる可能性があります。だけど今の一般的な就職活動ではまず、その1を拾うことはできなくなっています。その結果、もしかしたら会社が必要としている能力を持った人材を、不採用にしているかもしれません。

確かに100のうち99がダメなら、不採用になる可能性は極めて高いです。エントリーシートによる書類選考の段階で、はじかれてしまうケースがほとんどだからです。

だけど私は、全ての人には価値がありそこを見出し活かせるような仕事を発見してもらえる自己分析が必要なんだと感じています。元来仕事とは、自分の能力がその職場で必要とされ周囲から喜ばれたならそれが本当の成功＝幸せだと思うからです。

それとは逆に、「部活ではキャプテンを務めた」「生徒会長でした」「明るい性格です」「責任感が強いです」というと、確かに面接でも評価されやすいですが、その内容をどんなに流暢に話したとしても、その人の内面の奥に隠れた良さ、本当に見ないといけない部分は見えてこないかもしれません。

面接に受かるためだけのマニュアルどおりの発言からでは、その人が心からやりたいこと、ワクワクすること、大好きなことは見えないでしょう。

私も経営者として新卒学生の面接をするなかで感じるのですが、饒舌な人や流暢に話す人は、ほとんど印象に残りません。何を聞いても金太郎あめのような回答で、その人の本質が見えてこないのです。下手な話し方だったとしても、自分の言葉で自己紹介をしてほしいと個人的には思います。

自分の言葉とは、その人の経験からくる正直で素直な心の声が聞こえるという、面接官（人）の心に響く言葉という意味です。誤解を恐れずに言うと、今の就職試験のやり方であれば企業と就活生の双方でミスマッチが発生しやすい構造になっているような気がします。

みになっていると感じるからです。

「本当の自分自身」をしっかりと見せられること、見てあげられることが難しい仕組

ケース3 ≫ 自分に自信が持てないオタク気質の大学生

以前、弊社に来てくれたインターン生18人のなかで、最後までアルバイトとして残ってくれた学生さんがいました。オタク気質の彼はいつも自信がなさそうで、うまく自己PRができるタイプでもなく就職活動は失敗続き。だけど子どもの頃からパソコンが大好きで、我が社のフェイスブックの運営を彼に担当してもらったとき、半年で目標の3000いいねを達成してくれました。そう、実は彼には、素晴らしいSNSマーケティングの才能があったのです。コツコツと記事を創り配信し続けられる根気強さという……。彼は就職活動、特に面接では評価されづらい人でしたが、いいところを発見さえできれば必ず社会で活躍できます。だからこそ多くの就活生に、アルバムセラピーを通じて本人すら気づけていないきらりと光る価値や武器になる能力を発見してほしいと願っています。

発達障害も一つの個性

特に私は、自分に自信の持てない人、就活がなかなかうまくいかない人のお役に立てればと考えています。

最近、発達障害の子どもたちが以前より増えていると聞きます。心の病気の分野の研究も進み、自閉症やＡＤＨＤ（注意欠如・多動症）、学習障害（限局性学習症）、アスペルガー症候群といった様々な障害に悩まされている子どもや親がおられます。

しかし外見では分からないので、一般の子どもたちと同様に集団教育を受けるのですが、対人関係やコミュニケーションが苦手だったり落ち着きがなかったりするので、集団生活を強いられる学校生活が苦痛であることも多いそうです。

また、就職活動においても不利になることは否めません。だけど発達障害も個性の一つ。発達障害でありながら、社会で活躍している人がたくさんいるのはご存じでしょうか。

例えばニトリ創業者の似鳥社長は小学校高学年になるまで、授業中に先生が何を言っているか理解できず、自分の名前を漢字で書けなかったとテレビ番組でおっしゃっているのを聴いたことがあります。ただ、当時の似鳥少年はそれが発達障害であることなど知る由もありません。ですので、全く勉強ができないという劣等感の塊。近年、そのエピソードを大学の教授に話したときに初めて、どうやら自分は発達障害だったらしいと分かったと話されていました。

にもかかわらず、ニトリ創業後は敏腕経営者として辣腕を振るい、現在は年商8000億円を超える家具メーカーにまで成長させました。ただ、今でも少し偏った個性をお持ちだそうで、似鳥社長は広い社長机がありながら、ごくわずかなスペースしか使えないとのこと。その理由は、片付けができないからなのだそうです。面白い個性ですね。

実は似鳥社長のように、発達障害であるがゆえに突出した能力に恵まれたという人は大勢います。例えばADHD（注意欠如・多動症）として知られるのがハリウッドスターのウィル・スミスさん、女優の黒柳徹子さんなど。歌手の米津玄師さんは、アスペルガー症候群（コミュニケーション能力や共感性が低いとされる自閉症の一種）であることが分かっています。他にも発達障害を抱えながら各業界の第一線で活躍している人は意外なほど多く、枚挙にいとまがありません。

ですから、あなたの診断結果は○○だからこのパターンというように、自己分析ソフトで割り出した数パターンのなかから自分の適性を見極めるのは雑すぎるように感じます。人は一人ひとり違うのが当たり前ですから、もうちょっと丁寧にそれぞれの個性や良さを発見できるような仕組みや取り組みが、重要な気がします。

今の就職活動のスタイルのままだと、個々の良さを伝えられないまま埋もれてしまう若者がたくさんいる気がします。だからこそアルバムセラピーは、既存の自己分析ソフトからでは決して見つからないその人の本当の良さを見つけられる、優しい自己分析のメソッドでありたいと思うのです。

また、近年も大変注目されている子どもたちの幸せに最重要と言われている非認知能力（数値化できない能力）を知る上でアルバムセラピーの手法はとても理にかなっている気がします。原体験から個性を丁寧に写真と共に見ていくことで自己肯定感、やる気、自信を取り戻せたり、過去の経験から逆境を乗り越える力、忍耐力、優しさ、思いやり力等の数値化できない能力を発見していける可能性があるからです。また、私は全国の就活生の皆さんには、アルバムセラピーをまずは自己分析をする前に「自分のことを全肯定」するためのツールとして活用してもらいたいと願っています。

魂が喜ぶ仕事に就くために

アルバムセラピーの自己分析によって自分軸を定めることで、自らの進むべき道が明確に見えてくるというのも就活時におけるメリットです。外部環境からの理由ではなく、自分の本心で就職先を決めることができたら面接時の自己ＰＲも伝わりやすいでしょうし、入社後も簡単に辞めないはずです。

厚生労働省が２０２０年に公表したデータによると、２０１７年に卒業した新規学卒就職者（大卒・高卒）の就職後3年以内の離職率の平均は大卒で32・8%、高卒で39・5%でした。

せっかく受験勉強をして大学に入学し、就活を経て苦労の末に入社したにもかかわらず、3人に1人は3年以内に辞めているというのが実状です。ただ、仮に全ての大学生が周囲の声や外部環境に惑わされず、自らの純粋な気持ちを掘り下げたうえで就活に臨めたとしたら、離職率の数字は大きく低下するかもしれません。

周囲の評価や世間一般の価値観を志望動機にしたり、マニュアル一辺倒で面接に備えるのではなく、会社選びも含めてもっと原体験の中の感情が大きく動いたところを起点にして、就活に生かせばいいと思うのです。

例えば子どもの頃、がんを患った母のために通った薬局の薬剤師のお姉さんがとても優しくしてくれたから自分も薬剤師になろうと思ったとか、子どもの頃に病気で親を亡くしたから医者になって人の命を救いたいと強く思い、医者になろうと決めたとか……。そんな自分の心が動いた原体験をアルバムセラピーで探し出すことができたなら、きっと就活に役立ちます。

なぜ自分がその業界に進みたいと思っているのかが腹落ちするし、思いもよらぬ新たな方向性が見えてくるかもしれません。

いずれにせよ、大人になれば多くの人が日常の大半を仕事に時間を費やすだけに、自分が誰かの役に立っていると実感できることは幸せなことですね。

しかし実際には、自分が本当にやりたいことに気づかぬまま、あるいは自分がやりたいことではない職に就き、それがいいか悪いかは別として、人生なんてこんなものだとどこか諦観しながら社会人として働いている人は意外に多いかもしれません。

でも、自分の魂が喜ぶような仕事に就けることに越したことはありません。

実際、多くの就活生にアルバムセラピーを受けてもらったところ、最後のアンケートでは「自己肯定感が上がりました」「本当に自分がやりたかったことが見出せた」「失っていた自信を取り戻せました」「今までの人生を肯定できました」「この講座は全国の就活生に受けさせてあげてほしいです」「自分の言葉で自己ＥＳが書けそうな気がします」といった前向きな嬉しい回答をたくさんもらいました。

ケース4 暗く覇気のない大学生

講座のある回では、見るからに覇気がなく、暗い雰囲気を漂わせていた男子大学生がいました。

その彼はセラピーを受講し、中学時代に留学先のオーストラリアで友だちと肩を組んでいる写真を観て、自分がリーダーシップを発揮していた時のことを思い出し、自信を取り戻してくれました。なぜならその写真の友だちとの輪の中心にいたのは、他でもない自分自身だったからです。最後には満面の笑みで「忘れていたこの写真に出会えて失くしていた自信を取り戻せた気がします。前向きに就活に挑めそうです」と言ってくれました。

普通に就職活動をしていたら、わざわざ幼少期の写真を感情を元に観たりしません。ということは、彼はアルバムセラピーと出会わなければ、ずっと自信のなさを引きずったままだったかもしれません。そう、アルバムセラピーには今の時間を一旦止めて過去の自分に出会いに行ってもらうことで、日常では近視眼的になりがちで閉塞感を感じる場合等にその視野を生まれた時まで一瞬で戻すことができ、視界がグンと広がり、心に「大丈夫だよ」という安心感のようなものを届けられるのかもしれませんね。

ケース5 》 コミュニケーション能力の低い女子大生

セミナー開始直後から、心ここにあらずで、全然やる気の感じられない女子大生がいました。コミュニケーション能力が低いせいかグループ内のワークにも溶け込めず、自分の話がうまくできないうえに他人の発言は上の空という感じです。

ただ、徐々にアルバムセラピーの空気に馴染み始め、最後の「一番思い出深い」のテーマのときに彼女は「お母さん」と「犬」の写真を手に持って悩み、なんと「犬」の写真を選びました。一人っ子の彼女にとって、その犬は13年間も兄弟のようにいつも一緒にいた大の親友だったようです。唯一の友達だったのかもしれません。

そして、その世界一大好きだった飼い犬の写真を観ながら話しだした彼女の姿は、セミナー開始直後とはまるで別人でした。とても楽しそうに嬉しそうに、そして時に涙しながらも、饒舌に話してくれました。そう、自分の言葉に気持ちや心が乗ると、どんな話し方でも相手の心にちゃんとその想いは届けることができますね。こういった喋りを面接の自己PRではしてもらいたいものですね。そうすればきっと面接試験に受かっても受からなかったとしても本人は納得して受け入れられるんじゃないかという気がします。その彼女であれば、例えばペット関連の企業の面接でこの話をしたら、もしかしたらいい結果に繋がるかもしれません。

工作が好き、料理が好き、花が好き、文章を書くのが好きといったように、人には自分の心が動く何らかの〝好き〟が必ずあります。もし競争や比較の社会で多忙に生きるなかでそのことを忘れていたとしても、写真を通じて思い出を明確に思い出せることで個々の原体験を引っ張り出すことも可能です。

アルバムセラピーは、それが可能な唯一の方法ではないかと思います。繰り返しになりますが、これは大手の自己分析ソフトにＹｅｓやＮｏで答えても出てきません。データベースや分析といった類いのものではなく、ただその人の人生を、感情と経験をもとに掘り下げていくのです。手間はかかるかもしれませんが、個々が心から好きだと思えることを探し出すには、この方法が最も適しているのではないでしょうか。

就活に悩む全ての学生を救いたい

就活向けのセラピーは、どちらかというと就活がうまくいかない、やりたいことが分からない、そんな就活生にこそ受けていただきたいのです。例えば何社受けてもダメで本当に困っている人、就活市場における自分の価値を見出せない人、コミュニケーション能力が低く自信が持てない人、発達障害等がネックで諦め気味な人、劣等感や無価値感によって今まで挫折をたくさん味わっている人など、多くの悩みを抱えている就活生をアルバムセラピーで一人でもお助けできたなら嬉しいです。

私の本音を言えば、実際に就職活動に苦戦している人に限らず、そもそもやりたいことが見つからない、自分のことを肯定できない、あまり好きになれない、そんな人たちに受けてもらいたいです。少し前向きになれる可能性があるからです。

セラピーを通じて自分の中の大好きを発見できたり、小さくても心からの自信が持てたり、自分を受け入れられたなら、きっと誰もがチャレンジしてみようと思えるかもしれません。自分が必要とされる場所が見つかり社会で活躍できる可能性が広がります。もちろんそれが全てではありませんが、就職以外のことも含めて、今、自分が挑戦したい道に勇気をもって踏み出してみようと思ってもらえる機会創りのお役に立ちたいと願っています。

5 ビジネスマンの活力に

サラリーマン、経営者、起業家に向けて

アルバムセラピーは、あらゆるビジネスパーソンにもお勧めです。会社員ならば、年功序列や終身雇用が崩れつつある不安定な社会情勢のなか、このままでいいのか？と悩む人は増えていますが、いざ新しい道を進むにも勇気がいるし、何をしていいか分からない……。アルバムセラピーはそれが何なのかを探す、一つのきっかけや具体的な方法になると思います。また、これは社会人に限ったことではありませんが、セラピーによって人間関係が良好になるケースも多いのです。

ケース6 父を許せない20代サラリーマン

ある回では、父親を許せないと感じているという20代後半のサラリーマンの方がいました。聞けば6歳の時に父が別の女性と家を出ていってしまい、それっきり音信不通になっていたとか。それで父のことを「母に苦労を掛けた憎むべき人」と思い込んでいたのですが、自分が父に抱かれている写真を観て、父に連絡してみたい気持ちになったそうです。後日、22年ぶりに父と電話で話ができたという報告をくださいました。

ナビゲーターである私には、彼がその写真を観てどんな感情を抱いたのか詳しくは分かりません。だけどおそらく、本当は父から愛されていたということを、一枚の写真から感じることができたのかもしれませんね。

また、経営者であれば「何のために会社を経営しているのか」ということを見失いかけている人もいるかもしれません。自分で会社を牽引している以上、このままでいいのだろうかと不安になることも多々あります。そんな不安に陥った時、ぜひ受けていただきたいと思います。

ケース7 ≫ 自分探しに奔走する女性経営者

これは、ある女性経営者の話です。アルバムセラピーを受けに来るまで自分探しに東奔西走しておられ、何百時間、何百万円を費やし奔走していた彼女は、ワーク終了後の感想発表でボロボロと泣きながら、

「いったいこれはどういうことなんですか？　今までいくら時間とお金を費やしても自分にとって何が本当に大切なのか見つからなかったのに、たった3時間で良かったなんて!!　信じられない!!　今まで受けた自己啓発のなかで間違いなくナンバーワンです」

とまで言ってくださいました。それほど即効性があるのもアルバムセラピーの特徴かもしれません。

ケース8 ≫ 自己肯定感の低さに悩むある企業の幹部社員さん

ある企業の43歳の幹部社員さんは父に愛されたことがないと思い込み、そのせいで自己肯定感が低いのだとずっと思い悩み生きておられました。何とかしたいという意識は高く、コーチングや自己啓発セミナー、研修や講座など様々参加されましたが、納得のいく成果は得られない……。そんな中でアルバムセラピーを受けに来られ、幼い時に電車が好きだった自分自身の幼少期に父と一緒に電車に乗っている写真を発見され、その場で泣き崩れられたのです。父親に愛されていないというのはただの自分の思い込みであったことにその一枚の写真によって気づけたのかもしれません。仮に周囲から「そんなことないよ、お父さんは子どもを愛するもんなんだから」と理屈で言われたとしたら到底受け入れられなかったでしょうね。正論で正しい考え方を教えられたとしても、理論理屈で言われてもたいていの場合、人は腹落ちしないから変われません。ですが、過去の写真は真実しか写っていなくて、それを観て本人だけにしか感じることのできない領域があるようです。それまでの考え方が１８０度変わり父から愛されていたと一枚の写真から気づけたからこそ、帰り際に、

「明日から人生の色が変わりそうです」
とまで言っていただけたのかもしれません。

セラピーの特徴の一つに、「思い込みは書き換えられる」ということが挙げられます。アルバムセラピーで自分の過去にタイムスリップすれば、自分が勝手に思い込んでいた過去の意味づけを書き換えることができたりするようです。たった一枚の写真によって心が解けて（溶けて）、自分勝手に思い込んで刷り込んできただけで、本当はそうではなかったんだという事実を心に届けてくれるたった一枚の写真の存在に驚かされることもあるようです。

もともと女性起業家のために生まれたセラピーですから、これから起業を考えている人にもとても有効だと思います。実際に女性起業塾では好評で、「大好きなことが見つかった」「背中を押してもらえた」「曖昧な気持ちが確信に変わりました」といった声を多数いただきました。「食育で起業しようと考えていましたが、なぜ自分がそう思ったのかが腹落ちしました」とアルバムセラピーを受けて言ってくださった方は今、産地直送の無農薬野菜の販売事業で成功されています。

起業の際は、自分の心が喜ぶこと＝大好きを仕事にするという点で役立ちます。企業に就職すれば自分の好き嫌いで仕事はできませんが、起業であれば心が喜ぶ好きなことを仕事にできます。ただ、それは外部に求めてもなかなか見つからないもの。真の答えは自分のなかにしかないわけですから、まずは自分の過去を掘り下げ、感情が揺さぶられたことや夢中になれたこと、ワクワクした体験、大好きなことやモノを過去の写真の中＝原体験から探し出すのが一番の早道かもしれません。

これから経験することは好きになれるかどうか分かりませんが、すでに経験したことで熱い思いを持てるものであれば、きっと継続できるはず。それがやりがいに繋がり、仕事も楽しくなる。この好循環が生み出せれば、起業して継続して成功する可能性は高まりそうです。

もちろんアルバムセラピーを受けたからといって、起業で成功できるわけではありません。ただ、セラピーを通じて自分が本当に心から大切なことに気付けたり、大好きなことを発見出来たり、自信が持てたり、自分を肯定し好きになれたりしたならば、それが仕事面に好影響を及ぼすことは間違いないでしょう。

もっと言えば、本当は、仕事だけでなく、人生と捉えても、このセラピーは好影響を届けられそうです。

6 人生100年時代を豊かに

「自分史アルバム作成講座」

高齢者向けのカスタマイズ講座として、「自分史アルバム作成講座」があります。終活の一環として人生と心の棚卸しやアルバム整理を目的とし、アルバムセラピーをしながら簡易的な自分史アルバムを作成するワークショップです。

終活というと遺産相続や遺言書の作成などが一般的で、これらは士業の方々に依頼するケースが多いと思います。ただ、これらは金銭面の事務的な引き継ぎという側面が強く、本人の思い出や伝え残したい想いや、生き様、人生と心の棚卸し的なものではありません。エンディングノートも同様です。

ですが終活で本当に残すべき財産は、お金でも不動産でも高価なモノでもなく「その人の大切にしてきた想い」だと思うのです。例えば相続にしても、自分が一番大切

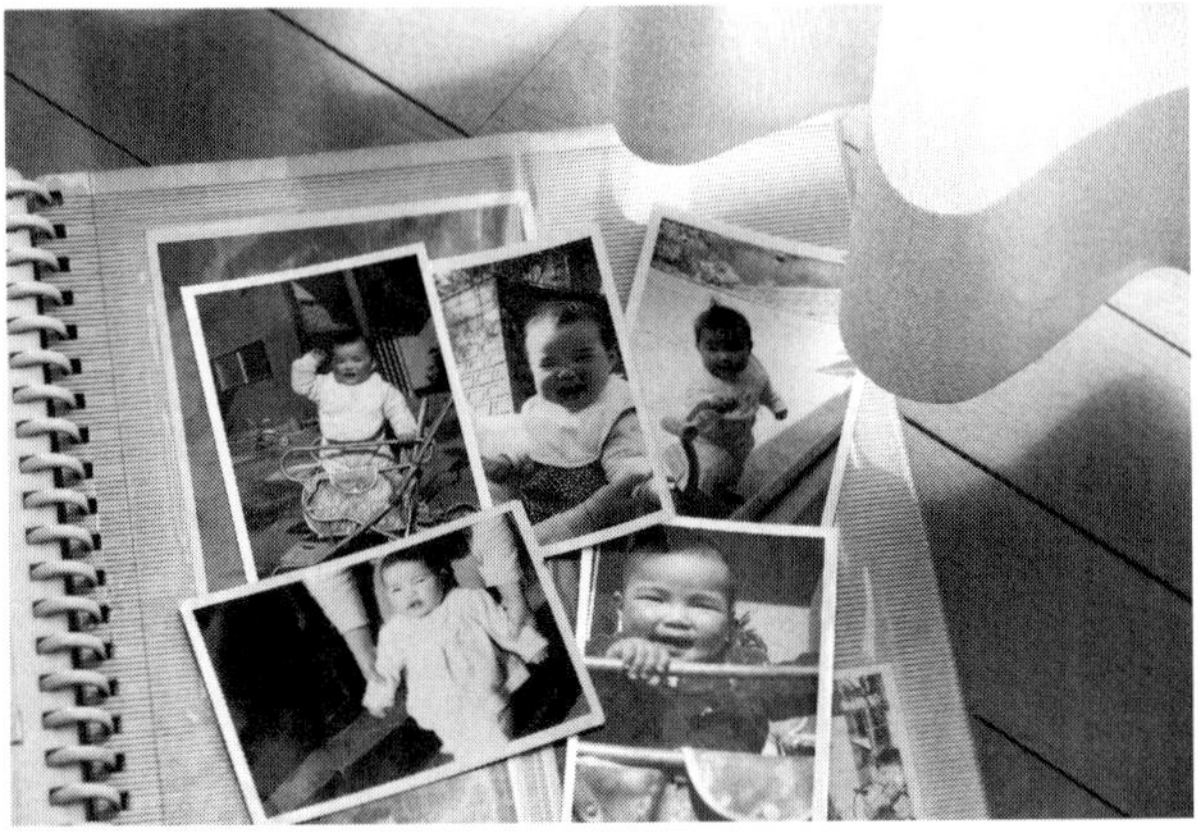

思い出のアルバム

な人に残したいと思うでしょうし、もちろん自分の子どもたちの醜い相続争いなど望んでいないでしょうから、まずは自分の想いを伝えられるツールを残して置くことは大切な気がします。高齢者向けのアルバムセラピーで最も多いのは、「ここまで人生と心の棚卸しができるとは思いませんでした」という声。自分の人生を、アルバムや写真を持ち出してアルバムセラピーメソッドを使って感情を元に振り返ると、自分の人生と心が自然に整理されていきます。そのうえで、相続についてや遺言を書いておくと良いかもしれませんね。

実際の講座では、通常のアルバムセラピー同様写真を選んで感情を書き落とす作業を繰り返していくと、数回のワークショップで誰でも簡単に簡易的な自分史アルバムを仕上げることができます。本格的に自分史を作りたいとなると、自分で制作するのは至難の業ですし、高額な費用が必要になりますが、簡易な数時間のワークショップを通じて手軽に自分史アルバムができるサービスは、人生とアルバム整理をしたい人にとっては案外喜ばれています。

本人が亡くなった後、お葬式などで流す思い出ムービーや思い出アルバムを作るサービスなどもありますが、その際に使われる写真を選ぶのは遺された家族や葬儀会社や制作会社の担当者。でも本来ならば、自分の思い出の作品に用いる写真は自分で選んでおいたほうがいいに決まっています。なので、相続や終活にもアルバムセラピーメソッドを活用したワークショップは活用できそうです。

高齢者施設でのコミュニケーションツール

完成した自分史アルバムは、高齢者の写真を介したコミュニケーション活性化のツールとなり元気の元にもなり得ます。高齢者施設の関係者の方から聞いたのですが、施設へ入所当初はなかなか環境に馴染めず自分の部屋からまったく出られない人もいらっしゃるとのこと。そんな時、コミュニケーションが取れるツールを作って持っておいてもらえたら、スムーズに会話ができるかもしれません。

最近では高齢者施設や介護施設等で、コミュニケーションアルバム作成ワークショップやレクリエーション、要介護治療にも一部活用していくという計画もあります。

高齢者の方々に元気になってもらうことを目的として、やる気モチベーションUP・目標や夢の発見・できていたことの再発見など、コミュニケーション活性化ツールとしても、アルバムセラピーのメソッドは活用の幅が広がってきそうです。スタッフや介護士さん、理学療法士さん、施設の利用者さんや入居者さんとのコミュニケーションも短時間で確実に円滑になれるというメリットも大きそうです。

人は人に関心がありますから、たとえコミュニケーションが苦手だったとしても、昔の写真を観ながらであれば話が弾むという単純なことです。たまたま同郷だったとか、子どもの頃の戦争体験とか、社会人時代に同じ業界にいたとか、学生時代に同じスポーツをしていたとか、何らかの共通点を見出せれば互いの距離は一気に縮まりそうです。

笑顔も一瞬で引き出せたりします。逆に言えばもしアルバムがなければ、こうした会話が発生する可能性は極めて少ないでしょうね。

仮に認知症の方でも、軽度であれば昔のことは意外に覚えているそうです。昔の写真によって新たな記憶を思い出すかもしれないし、脳が活動するので認知症のリハビリにも役立つかもしれません。

例えば、施設の職員さんや利用者さんとの間で、新たにこんな会話も生まれるかもしれません。

「若いときの○○さん、べっぴんさんだね」とか、「○○さんって、昔はとてもイケメンだったんですね」なんて言われたら、当の本人は嬉しいですよね。人間には自分のことを聞いてほしい、見てほしい、解ってほしい、ほめてほしいという基本的な欲求があり、コミュニケーションアルバムがあればその欲求が満たされるので、皆さんが笑顔になれるでしょうね。

高齢者施設では、長い時間を共有するとはいえ、元々は他人同士です。ただ、職員はいわば一緒に生活する家族であり、施設内はコミュニティであるわけですから、自分のことを深く理解してくれる人が一人いるだけで大きな安心感に繋がると思います。そのためのツールにもなり得そうです。

実際、セラピー終了後は皆さん喜ばれます。特に「自分のことをこんなに話したのは初めて」「こんなに聞いてもらったのも、人の話を聞かせてもらったのも生まれて初めて」とおっしゃる方は多いですね。人それぞれ性格が違いますから、施設内ではいつも自分のことばかり話す人もいれば、いつも聞き役に回る人がいたりと、偏ったコミュニケーションになりがちです。一方でこのコミュニケーションアルバムがあれば、仮にコミュニケーションが苦手であったり自分のことをあまりうまく表現できない人でも写真を観ながらであれば笑顔でたくさんおしゃべりができるようになりますので、偏ったコミュニケーションも解消されやすいかもしれません。

特にワークショップでは自分の話を聞いてくれたのだから相手の話もしっかり聞こうという気持ちになりやすく、そこから相互理解も進みます。それが、終了後の満足感や喜びに繋がっているのかもしれません。

7 コミュニケーションの再生

家族間コミュニケーションを生む

自分史コミュニケーションアルバムは、核家族化が進む現代社会において家族間コミュニケーションの再生にもお役に立てそうです。

私は以前、約10年間かけて当時１００歳前後の明治生まれの人の声を全国行脚して取材して集めた『明治の人』という書籍の出版をしたことがあります。

その時に、岐阜県の弁護士をされていた明治生まれの方から戦争体験や波乱万丈な人生のお話を聞かせていただいたのですが、その後その方のお孫さんがたまたまネットで私が取材した記事を見つけてお葬式でプリントアウトして回し読みをしたという話を教えてくださいました。今の時代は多かれ少なかれ、子や孫がおじいちゃん、おばあちゃんの昔話をこんな風にあまり聞いてあげられていない時代なんだとその時、感じました。もし仮に小学校でこんな宿題が出たならば……。

「自分の親族の最高齢の人の昔話を、その人のアルバムを観せてもらいながら聞きに行ってきて作文にして発表してください」

そんな作文コンテストができたら、おじいちゃん、おばあちゃんたちの笑顔が想像できます。きっと私という他人が明治の人の取材に行った時より実の孫の方が何倍も何十倍も喜ばれると思います。そんな会話の中から、おじいちゃんから戦争の話を聴けたり、おばあちゃんがお手玉を作れることを知れたり、裁縫が得意なことを発見できたなら、孫や曾孫の幼稚園の布袋や上靴入れを作ってほしいとおねだりすると良いと思います。それがどんなに高齢者の心を元気にし、モチベーションが上がることになるか。人に喜ばれる、必要とされるという体験をしてもらえるのですから。

自分史コミュニケーションアルバムを通して子どもや孫、曾孫にたくさん自分の昔話を聞いてもらえたなら、そこからできることや得意なことを思い出せて、それを家族に必要とされる仕事（用事）としてやってほしい。それをきっかけに、確実に今まで生まれようがなかった新たな家族コミュニケーションが生まれるでしょう。

昨今では子や孫や曾孫の、入試に合格したとか甲子園に出たとかの情報が一方通行で行くことはあっても、逆におじいちゃんおばあちゃんの情報が若い世代に流れていくことは極端に少ないと思うのです。だからこそ、そんな会話を発生させる仕組みを作っていくのは家族を繋ぐツールづくりにもなり、家族という最小のコミュニティの幸せに貢献できる気がします。

そうして家族の触れ合いが増えるなかで、例えば孫がおばあちゃんの若い頃の写真をインスタグラムにアップして自慢するなど世代を超えた交流が生まれたら、素晴らしいことですよね。実際に、ＴｉｋＴｏｋでも一部で流行っているそうです！　このように家族間のコミュニケーションを昔の大家族の頃のように活性化させられたら、人の笑顔に貢献できそうです。

核家族化が進んで何かと人間関係が希薄になりがちな昨今、自分史コミュニケーションアルバムで、家族が再び繋がれば素敵ですよね。

そして、高齢者施設のレクリエーションで塗り絵や折り紙などをするところも多いですが、その中に自分史アルバム制作のレクリエーションを取り入れてほしいですね。

例えば施設内で全員が自分史コミュニケーションアルバムを持てたなら、自分史アルバムの発表会をしたならば、入居者や職員との相互理解が深まり思いやりの気持ちが芽生え、施設内の雰囲気もより良くなって笑顔や安心感が増し、人にやさしい施設になっていくような気がします。

企業研修によるチームビルディング

アルバムセラピーは不特定多数の人を集めて行うだけでなく、企業研修の一環としても行っています。目的はチームビルディング、営業研修、新人研修、理念研修、メンタルヘルス研修など。各企業が抱える課題やニーズに応じてカスタマイズした研修を行います。

現時点での実績として、一部上場企業～中小企業、経営者団体や塾などでの実績があります。

実際にやってみると、「チームビルディングに役立ちそうです」との声が最も多かったのですが、恐らく相互理解が進み組織のコミュニケーションが早期に改善に向かうからだと感じます。

また、企業理念に「感謝」や「親孝行」「愛情」といった言葉を大切にして、入れておられる企業さんの場合、理念を心に自然に落とし込んでいく際に活用できそうです。人の心から「感謝」と「愛されていた記憶」が自然に誘発される研修になり得るからです。

ケース9 ≫ 部下との交流が希薄な50代上司

チームビルディングの研修で、ある印刷会社の50代（上司）の方の「6年一緒に働いている20代の部下が研修後に初めて私に相談しに来てくれました」との言葉が印象に残っています。20代の社員は、近寄りがたい雰囲気のある上司に対してなかなか心を開けなかったのですが、今の自分が仕事上で抱えている同じ悩みを乗り越えてきたという話をその上司から研修で聞くことができて同じような経験をされてきていたんだと初めて知り、驚きと共感と親近感が急に湧いてきた、上司の見方が180度変わりましたとのことでした。

これも、研修を通じて相互理解が深まるからこそ。研修後は入社6年目にして初めて50代の上司に相談しに行けたそうです。こうしたケースは、通常の企業研修ではなかなか起こりえないことではないでしょうか。行動変容まで1回の研修で成果を出せるケースもあります。写真の力は偉大ですね。

一般的なマネジメント研修や営業研修であれば座学や研修の課題を実務としてこなすものが多いと思いますが、それが本当に実践に落とし込めるかというと、其処は私も多数の研修やセミナーに参加してきましたが、なかなか難しいと思います。研修会場だと非日常感からの一種アドレナリンが出てカンフル剤的に効果が出たように感じるかもしれませんが、会社に戻って数週間もすれば元に戻ってしまいます。一般的な企業研修の多くが座学中心なので「いい学びができた」で終わってしまい、実行に移して成果を挙げるところまではなかなかいかないケースが多く、研修前と変わり映えしないのがほとんどかもしれません。

一方でアルバムセラピーの企業研修では、人間関係の距離が縮まるので、先の例のように部下が相談に来るようになったとか、組織内の人間関係が良好になったというように、組織内の変化が目に見えて分かることがあります。結果的にチームビルディングに繋がったというケースもありました。

そもそも同じ職場で長年働いていたとしても、親の写真を観せ合う機会はまずないでしょう。どうしても職場内での上司、部下という関係上、急に腹を割って話せるような深い人間関係にはなり得ないのが当然ですよね。お互い長い年月を掛けて積極的にコミュニケーションを取ろうとしないかぎり、その距離はなかなか縮まりません。

ただしアルバムセラピーの企業研修では、嫌でも相手の人生や背景にあるものを知ることになります。「相手を深く知ることが、相手を深く思いやることに繋がる」というのが基本的な考えとしてありますが、実際に上司と部下という人間関係でもこの図式が成り立ちます。

同じ職場で、例えば10年働きながらも敬遠していた上司のことを、たった3時間のセラピーで好きになれるとまでは言いません。ただ、多少なりとも理解を示せるだけでも大きな進歩。相手の過去の話に耳を傾け、自分のことも聞いてもらうことによって、驚くほど相互理解は進みます。短時間で確実に相手との距離を縮めるには、相手の過去=背景を知るのが効果的かもしれません。

逆に言えば相手を思いやれないと良好な人間関係が構築できず、チームとしての一体感は生まれづらい。

結局、人間は人のことを深く知ることでしか、人を思いやることはできません。もちろん、その前に相手に興味関心を持つことが重要だというのはよく言われていることですね。だからこそ、興味関心が湧くような話題や内容が必要なんですが、それを掘り出せるのがこのセラピーのような気がします。

「深く相手に関心を持ち、そして思いやれる」ことをチームビルディングのゴールとするならば、アルバムセラピーという方法は最適解だと思っています。

様々な研修

新人研修や理念浸透研修は、アルバムセラピーのメソッドを活用して個々人の本当にやりたいこと、大好きなことを発見して、それと企業の理念が重なる部分を探し出して「共通の目的」や「共感」や「夢の共有」を探し出す作業を研修として組み立てます。

例えば、ある食品メーカーの理念が「顧客満足の追求」で、一社員の夢が「カフェを開くこと」だとしたら、研修では「今あなたが取り組んでいる顧客満足のための努力は、カフェをオープンした際に必ず役に立ちます」というように、企業と個人が目指すところの目的や理念の共通点を探し出し具現化します。

企業の理念と個人の夢は違っていて当然ですが、今の仕事が必ず将来の役に立つ。

そう考えることができれば新入社員はモチベーション高く仕事に臨めますし、離職率も下がり、生産性は向上するかもしれません。

では、社員の想いと企業理念をリンクさせるにあたり大切なものは何か。それは社員一人ひとりの過去を掘り下げ、今後はどう生きていきたいかといった個々の人生目標を把握することです。それを知ることで初めて、会社と社員の共通項を探し出せるわけですね。そしてその過去を掘り下げるにあたり、アルバムセラピーを活用するという図式です。

新入社員も改めて自分のルーツを遡ることで、なぜ自分はこの企業に惹かれたのか、自分は今後どう生きていきたいかといった思いを整理することができます。これをすることによって一層、日々の仕事にも張り合いが出てくるのではないでしょうか。

ほかにも、企業理念に「感謝」を掲げる企業は規模や業界を問わず多いですが、アルバムセラピーは必ず感謝が生まれるメソッドなので、そんな企業との相性もいいと思います。

普段、朝礼などで「感謝は大事です」と理屈で言われてもピンとこないものですが、セラピーを通じて周囲への感謝の気持ちが自然に湧けば、それだけでもお役に立てそうです。

メンタルヘルス

最近では大企業には産業医やカウンセラー等を雇い入れることが義務付けられていたり、鬱や自殺のケアも社会課題の一つになっているほどです。以前にブラック企業社員の過労死などが社会問題となり、メンタルヘルスのケアに乗り出す企業も増えています。そうした社会情勢を踏まえ、アルバムセラピーメソッドを用いたメンタルヘルスのケアもご提案しています。これはグループワークではなくマンツーマンでの対応となり、壊れかけた心を癒す効果が期待できます。

当然ですが、私たちはお医者さんではありませんので治るなどとは言えません。心の病を患っている方の多くが、視野が狭くなり目の前の出来事に一喜一憂し閉塞感を覚えていることが多いと感じますので、その視野をアルバムセラピーによってその人が生まれた時まで広げてあげるという単純な作業を、ただアルバムの力を借りてやるだけのことです。写真があれば過去の元気だった頃の感覚も感情も思い出しやすいでしょう。特に純粋で自由な心を持っていた子ども時代にタイムトリップして、当時の記憶を丁寧にヒアリングしていくと、今の心理状態が少しずつ浄化されていく可能性があり、心が癒されるという効果が見込めます。

無理なく自然に心を癒す手法として、生まれてからのアルバムを活用するというのもありかもしれませんよね。また、考え方を押し付けたり、ああしなさい、こうしなさいと、そういった負担を一切心に掛けないので、安全でもあります。

営業コミュニケーション研修

例えば、高額商品等を販売する営業担当やブライダルコーディネーターさん、相続のファイナンシャルプランナーさん、ハウスメーカーや生命保険の営業担当等、まず

アルセラ名刺

は顧客との心の距離を縮めて信頼関係を築くことから始めたいケースに、アルバムセラピーの営業コミュニケーション研修が活かせます。

前述してきたように、アルバムの力を借りればクライアント、顧客の家族関係、趣味趣向や大切にしていることや人、想いに至るまでほとんど知ることが可能になります。

通常であれば2、3年掛けてようやく築けるような深い人間関係、心の距離が縮まるところまでを短時間で確実に可能にしてしまうという力が「アルバム」にはあるようです。その場合、まずは自分自身の「アルセラ名刺」を作成して自己紹介をしていくことから開始すると、顧客から笑顔を引き出し心の距離を縮める良いツールになります。このコミュニケーションツール作りの研修は、他にはない斬新で有効な方法かもしれません。

おわりに

●自己肯定感とは

ある受講者は、

「昨日まで嫌いだった自分を明日からは好きになれそうです」

と、基礎講座の3時間後におっしゃいました。

改めて自己肯定感とは今の自分自身を好きになり、全肯定できるということ＝「今の自分のありのままでいい」という感覚のようなものかと。また、他にも「自己有用感」＝自分は誰かの役に立っているという感覚や、「自己効力感」＝自分は何かを達成できるという感覚があります。それらも人には大切な感覚と言われますが、「自己肯定感」

が大前提としてなければ本当の意味でそれらは生まれようがないような気がします。

そういう意味でも、まずは一番大切なのが「今の自分自身を全肯定し、愛する」という感覚だと思います。そういった意味で、アルバムセラピーは短時間で確実に、自己肯定感を心にお届けできる最良の方法のような気がしてなりません。

全人類の全ての人の共通の望みが「幸せになりたい」だとします。そのために「自己肯定感」を高めることはとても重要です。幸せになるために、人は学びます。世にある例えば「七つの習慣」や「アドラー心理学」のような素晴らしい考え方も学べますが、具体的に「じゃあ、どうすればそんな風にできますか？」という方法まではどこも教えてくれません。アルバムセラピーは、今すぐに「じゃあ、どうするの？」という具体的な方法として自分サイズでお伝えできるので、一人ひとりが今より少し幸せを感じるお役に立てる気がします。

●幸福度の低い日本人

では、実際にどれだけの人が幸せを感じているかと言うと、世界の中で残念ながら日本は特に幸福度が低い国です。国連による世界各国の幸福度ランキング「World Happiness Report 2021」では、日本は前年から6つ順位を上げたものの56位でした。

他にも内閣府が２０２０年に発表したデータによると、「今の自分に満足していますか?」という問いに対し、「そう思う」「どちらかと言えばそう思う」と答えた日本人はわずか45・8%。主要な先進国は軒並み70%を超えているそうで、この数字からも日本人の幸福度が突出して低いことが分かります。

では、なぜ日本人の幸福度が低いのか。様々な要因が考えられますが、その一つとして戦後日本の教育制度に原因があると言われています。集団のなかで従順である子が褒められる画一化された価値観の中で競争させられ、条件付きで認められる教育に慣れて、ありのままの自分を認められる機会が極端に少なくなってしまったので、他人と比べられて劣等感を抱きやすく、負のスパイラルに入りがちです。

そもそも人間は普通にしていると、ネガティブな感情に傾きやすいという性質があるとの心理学的見解があります。がんばりすぎた結果、自分で自分を愛することが困難になっていったのかもしれません。

本当は偉い人にならなくても、勉強やスポーツができてもできなくても、あなたの価値は変わらないのに。

あなたはあなたのままでいい、すでに完璧ですばらしいということに気づきにくい、子どもの頃から比較やジャッジをされてしまっているのでしょうね。

本当は、愛されていない人などいないはずなのに。それを感じにくい社会になってしまっているせいでしょうね。アルセラで愛されていた記憶と感謝を心に届けられたら、幸福度は確実に少し上がるでしょう。

●幸せの正体

人の生涯は神様がうまくつくっているなとつくづく思うのですが、ずっと谷底ばかりの人生も、逆にずっと明るく楽しい山だけの人生もなかなかありませんよね。人生は山あり谷あり……と普通はなっています。地位や名誉や財産がいくらあっても幸せとは限らないし、貧困や病気続きでも必ず不幸なわけでもない。人生の中で今がどん底だったとしても過去には山頂だった経験もあったりしますよね。元気がない時には、一度今の時間を止めて過去の山頂にいるときの自分に出会いに行ってみるのもひとつです。当たり前ですが、昔の自分は他の誰でもなく自分自身。だから山頂にいるときの感情を思い出せば、少し勇気が湧いてくるかもしれません。また、過去の自分に出会いに行くことで、マイナスだと思い込んでいた感情が案外プラスに置き換わることがあるのも、アルバムセラピーの最大の価値かもしれません。

そもそも赤ちゃんの頃は真っ白で可能性の塊で、そこには何の苦手意識も劣等感もコンプレックスもありません。ではいったいどこでそんなマイナス感情が自分の心にくっついてしまい、はがれなくなってしまうのでしょう？

これはアルバムセラピーの応用講座のワークで紐解いていきます。一言でいうと、これが「トラウマ外し」のワークです。結果には必ず原因があります。その原因を過去のアルバムの中にタイムトリップしてセラピストが伴走しながら探し当てる作業をしていくワークになります。自分の人生の中でいつも同じような壁にぶつかったり、どうしても自信が持てなかったり、トラウマに感じているようなことは、誰でも一つくらいはあると思います。それは人生のどこかで心が傷つき、その修復ができないままに「真実ではないことをそうなんだと思い込んでしまい、自分で自分にマイナスのレッテルを貼ってしまった結果」がコンプレックス＝トラウマの正体だと思うのです。それを具体的に紐解きながらその正体を発見して、解決の糸口を探し出せる具体的な方法をお伝えしているのがアルバムセラピーメソッドの応用講座です。

その正体は、もしかしたら親や先生、友人からの心無い言葉なのかもしれないし、いじめや虐待の経験から心を閉ざしてしまったのかもしれません。

応用講座で気づくのですが、そのトラウマと言われるようなコンプレックスはたいていの場合、幼少期の物心ついた時から12歳くらいまでの間に強固なまでに「思い込み」というカタチのレッテルを子どもたち自身が自分の真っ白だった心に貼り付けてしまっているケースがほとんどです。それがいわゆる「心の傷」となって、その後の子どもたちの人生に長く大きくマイナスに影響してしまうことがあるような気がします。

実際に私自身の経験からもそれは言えることですね。俗に言うインナーチャイルドという言葉もありますが、生まれてからのアルバムを観ながら探していくと、案外、根本原因が掘り出されてしまうこともあったりします。

そう、答えは全てその人自身の中にしかないので、外から音楽や香り等で気持ちを良くして癒しを与えても、その場限りで変わらないのは、根本原因まで届いていかないからなのかもしれませんね。もちろん、長年培ってきたようなトラウマを一瞬で外せますとは言いませんし言えません。私は心理学者でも精神科の医者でもありませんから。でも、自分が幼少期に自分自身に貼ってしまったレッテルを見つけ出したり、その心の傷を癒していく具体的な方法を探し出すには有効な方法だと思っています。

過去の自分自身に出会いに行って、その過去の記憶を書き換える作業＝「本当はそうではなかった、勝手な思い込みだった。真実は違っていた。愛されたかっただけ」と理解できるところまでいけるかどうかなんですが……。少しスピリチュアルな表現になってしまうかもしれませんが、世の中は本当は全て「愛」で満たされているはずなんです。でも子どもの心にはそうは映りませんし、見てももらえない。シンプルにお伝えすると、自分のアルバムを観ながらレッテルやトラウマを貼る前の自分自身を感じてみると、単なる自分の思い込みだったことに気づけたりします。

そうすると、そうじゃない時の自分自身に戻るだけで本当は良いのです。そんなに簡単なことじゃないと思いますが、人間だれしも不完全で未熟です。完璧な神様みたいな人間などいないものです。親も未熟、余裕がなくイライラして心無い言葉を発したりもしますよね。でもそれらを全て「愛」だったんだと過去を書き換えることができたなら、心の傷は少しずつ癒されていきそうです。自分の過去は全て事実ですから、いまさら変えることはできませんが、事実に対しての解釈は変えることができます。ですので、アルバムセラピーの場合、過去の解釈は変えられるけれど、未来は今の自分を変えない限り変わらないということになります。
一般的な過去は変えられないけれど未来はいくらでも変えられる……の真逆の考え方ですね。でも案外この考え方のほうが今の世の中では受け入れられようとしてきている気がします。ある受講者さんが「ある意味アドラーよりすごいかもしれない」とおっしゃっていたのは、こういうメソッドが伝わったからなのかもしれません。

傷ついた心を修復すると、その安堵から心が癒され温かい気持ちになります。そのうえで感謝と愛されていた記憶に心が満たされたとき、人は自分自身を好きになれたり肯定できるのではないでしょうか。心が元気で、愛と感謝で満たされた状態。私はこれが、本当の幸せの正体だと思っています。外的要因ではどこまで行っても人は幸せにはなれなくて、自分の心の中を愛で満たせた時に人は「幸せ」を実感できる、そんな生き物なんだと思っています。

結局、高級外車に乗っているとか、一等地のタワーマンションの最上階に住んでいるとか、リゾート地に別荘があるとか、ブランド品をたくさん持っているなんていう話を聞くと、傍からすると幸せそうかもしれません。しかし、それらはあくまでも外的要因にすぎず、幸福感が長続きしないのは内ではないからでしょうね。

また、これも勘違いしやすいですが、周りから称賛されたり、褒められたり、羨ましがられたりするのが幸せかというと、それもちょっと違うと思います。やはりこれらは他者の評価なので、前述した自己有用感にしかならず持続的な幸せにはならないかもしれません。

本当は、人というのはまず自分自身のことが好きでいて、「たった一人で良いから心から自分のことを必要としてくれる人がいて、愛する人が目の前にいて、心の繋がりを強く感じられている状態」に至れたなら、いつでもどこでも今すぐにでも「幸せ」になれるんでしょうね。それが、シンプルですが幸せの正体のような気がします。

そういう意味では、神様は本当に人を平等に創造されたなと、生意気ですがそう思います。何もかも手に入れた、人が羨むような人のことを、だからと言って神様は簡単には幸せにはしませんから……。

●これからの時代は「個」の時代

戦後の日本の画一化された価値観による幸福感は薄れ、これからの時代は、自らに戻る時代、「個性」を思う存分、キラキラと発揮し、一人一人が輝ける時代に突入したように感じます。その人らしさを発揮して自然に生きられる環境が整う時代に。

自己肯定感は幸福感を生みます。そして、その自己肯定感を心に取り戻す手段として活用できるのが実は押し入れに眠っているアルバムや写真の力なんです。だからこそ、今全国の子どもたちに「自分のかけがえのない宝物（＝財産）」を作り残していきたいと考えています。

その活動を私自身は具体的に、自分の事業でもある卒業・卒園アルバム制作の中に残していこうという活動を開始しています。卒業アルバムの最後の見開きページには、その子が主役のその子が赤ちゃんの時からの写真とお母さん（親）からのお手紙を入れて、「どんなに愛されていたか」を将来実感してもらえるページを付けて残してもらいます。

将来、子どもたちが大人になって、壁にぶつかり、辛くて苦しい時、寂しくて孤独な時、自分には価値がないと感じで死んでしまってもいいと思ってしまった時に、そのページを開いてその頃の自分に出会いに行ってみてほしいのです。そして忘れていた愛されていた記憶を思い出し、一人ぼっちじゃないんだよと、そのページが本人に伝えてくれる機会を創れるようにしておきたいのです。自殺を思い留まらせるツールになるような気さえするのです。

ですが、実際には、アルバムは、震災でも起こらない限り、日頃は押し入れの隅っこに追いやられてしまっている存在です。今はアルバムを作ることすらしていません。でも、平時にもその価値の大きさに気づいてもらえるような啓蒙活動も兼ねて、アルバムを見返す文化をもっともっと広めていきたいと思っています。本当の意味で最高の財産だと感じるからです。まだまだ気づいていない人が大勢いると思うので、一人でも多くの人に伝えていきたいと思います。

そして、未来の子どもの幸せのためにも、アナログアルバムの最後の砦のようになっている全国の卒業アルバムの中にひっそりと、「愛されていた記憶」という思い出の宝物を入れていこうと志を立てています。

●アルバムセラピーの今後

この先、アルバムセラピーを活用して私がしていきたいのは、心の病によって引き起こされている様々な社会課題解決のお役に立つことです。

例えば、コロナ禍で増加したとも言われるいじめ、不登校、鬱、引きこもり、ネグレクト、虐待、ＤＶ、自殺、孤独死など、人の心が壊れかけたことによって引き起こされている課題に対して、アルバムセラピーがお役に立てることがありそうな気がするのです。

今、ＳＤＧｓという持続可能な社会を創るという世界規模の17の方針が打ち出されています。そして世界中の企業も賛同していますよね。私自身もそういった団体のアドバイザリーボードとして参加させていただいてもいます。そんな中でアルバムセラピーも、実は深く貢献することができると個人的には思っています。

というのも、世の中で豊富な知識と知恵を持ち、自分たちの利益を優先して悪いこと＝不自然なことをしているのは、考えてみたら人間だけだからです。動物も植物も海も山も川も、一切何も悪いことをしません。只々与えられた環境の全てを受け入れ存在しているだけです。あるがままを受け入れるということしかできないからなんですが、人間にできないことができていると思います。

世界で起こっている課題＝環境破壊も食やエネルギー問題も、教育格差、貧困に至るまで、全ては人が創り出していると言っても過言ではありませんね。

仮に自分に注がれてきた愛を感じることができて、その人が目の前のたった一人の人のことを思いやれて、全ての人が「思いやり」の心を持つことができるだけで、世界は今よりずっと平和に変わると思うのです。人間にしかない能力、それは想像力だから。であれば、我の利益だけを優先したならば、そんなことをしたら海や川が汚れて魚たちが悲しむこと、林や森が伐採されそこに住んでいた動植物が死んでしまうこと、作りすぎた衣服を廃棄するためにCO_2を排出し空気を汚してしまうこと、分断された意識の国と国が争うことで、罪のない人のかけがえのない命が奪われてしまうこと等が容易に想像できると思うのです。

その時に、人が今より少し謙虚になれて「自分サイズの幸せ」だけを追い求め、思いやりの心を持てたならば、世界から貧困も戦争も環境破壊も全て消えていくような気さえしてしまいます。

昔、ある本の一節に次のようなことが書かれていました。「困難に遭遇する時にはたった一つの原因しかない。それは我欲である」。忘れられない言葉です。

資本主義社会で、人はいったい何を求め始めてしまったのか……。国を支配し征服して喜べるのは誰なのか？　有り余る資源やお金を独占していったい何がしたいのでしょう？

今、コロナで世界は混乱しパンデミックが起こっています。神様が、少し立ち止まって、ゆっくりしっかり人の生き方を考える時間をくださっているのかもしれません。

人が心の幸せさえあればそれだけで良い、そんな原点に立ち戻れたなら、全ては繋がっていることに気づいて目の前の人の幸せを思いやれたなら、ＳＤＧｓが掲げている17の課題のほとんどが改善に向かって歩み始められる気がします。

壮大なことを話しているのですが、大きなことをしなくとも目の前の人をまずは愛しなさいと、マザー・テレサさんもおっしゃいました。

そんな原点回帰に、もしかしたら「アルバム」という思い出のツールがお役に立てたりするかもしれないと密かに願うのです。全ての人は、お母さんのお腹の中から生まれてきているのですから。

では、具体的にどうすればいいのでしょうか。前述したように、人の心が壊れかけたことが原因で社会の課題が生じているのならば、壊れた心、傷ついた心を修復する方法があれば良いと思うのです。様々な医療、心療内科やカウンセラー、セラピストやヒーラー、宗教に至るまで、人の心の修復や安定に世界中で取り組まれています。その中の一つとして、アルバムセラピーも具体的な対処法としてそのお役に立てるならと願います。

心が壊れたことで、自分を責めると自分自身を傷つける鬱や自殺に走り、他人を責めるといじめや虐待に至ります。ほとんどが「愛情不足」が原因と言われています。アルバムセラピーで忘れていた愛と感謝を再び心にお届けできるのなら、お役に立てるかもしれません。

結局、愛されていない寂しさや孤独感から人の心は壊れ、傷つき、それによって社会課題を引き起こします。そして壊れてしまった心は、愛で満たしてあげることでしか修復ができないという真実があります。

人は、例えば家族であってもなくても、誰か近くにいる人がその人のことを理解してあげ、無償の愛情を注ぐことができたなら、こうした社会課題は減っていくような気がします。だから、そんな仕組み作りを構築したいと考えています。

●心を輝かせるために

人間は感情の生き物ですから、頭で考える知識よりも心で感じる感情のほうがより重要な気がします。病は気からというように、人間の心身の健康にも最も影響を与えているのは、外からは見えない心の状態なのでしょうね。

ちなみに私が人生で一番嬉しかった言葉は、大好きだったおばあちゃんが、

「お前がいてくれやこそ」

と言ってくれたこと。そう、世界で一番大好きな人から自分が必要とされているという喜び。そしてその人が喜んでくれたら、こちらはその2倍も3倍も嬉しいと感じる人間本来の愛に満たされていました。だからもうそれだけで、どんなことでもできてしまうというような不思議な愛のエネルギーが自分の中から湧いてくることを経験しています。それは私だけではないと思います。

以前に、鹿児島県の知覧という特攻隊の飛び立っていった町の宿の女将さんのお話を聞かせていただいた際に「人はどうすれば幸せになれると思いますか？」という問いを投げかけられたことがありました。

その時、私の中にあった答えと女将さんがおっしゃった答えが一致しました。「人は誰かの役に立っていると思えた時に幸せになれる」と……。

自己犠牲を厭わぬ精神で家族のために散っていった命の最期はやはり「お母さん」

という言葉にあるように、人は愛する人のために役に立てるならどんなことでもできてしまい、それを幸せだと感じる素晴らしい生き物なのだと思うのです。そんな清らかで崇高で純粋な心を、全ての人間が持っています。だから、本当は、人の心の中に神様は住んでいると思うのです。

幸せになる方法として、遠くや外を見ないで、まずは自分の歩んできた道と、今、足元にすでにあるモノに気づけるきっかけづくりが「アルバムセラピー」の本質かもしれません。

ただ、現実問題として、純粋な赤ちゃんや子どもの心を持ったまま生きていける人はほとんどいません。現代社会を生きるうえで、周囲からの雑音や一般常識、親の価値観、世間体、偽りの情報などあまりにも多くの不純物がこびりついてしまうのが普通で、大多数の人はその雑踏の中、日常生活を送っています。だからこそ本当の自分を見失いやすくなってしまうのですが、それらの不純物を丁寧に剥がしていった先に、自らが心から輝ける元来の愛に包まれた自分の魂が待っているような気がします。

知らぬ間に心に積もり積もった不純物やごみを剥がせば、今よりもっと軽やかに生きられるはず。そういう人が増えれば、結果的に人の心がこわれたことによって生み出される社会課題はことごとく解決されていくような気がします。

●広がるアルバムセラピーの世界

アルバムセラピーの新たな取り組みとして、文部科学省が推進する企業主導型教育事業「土曜学習応援団」に登録していただきました。土曜学習応援団が目指しているのは、子どもたちが将来の生きる力、キャリア形成、夢や希望を持って学ぶ機会提供の充実。賛同する企業や団体が「実社会の経験や強みを生かした出前授業・教育プログラム」を提供するほか、これらの授業を希望する各地域とのマッチングなども行っています。

この教育プログラム用として、生まれてから今に至るまでの自分物語を写真を使って個々のパソコンで作るという出前授業を行っています。

主な狙いは子どもたちの心に自己肯定感を届けること、思いやりの感情を育むこと。今はいじめや不登校、自殺など子どもたちの学校生活の中にも課題は山積しています。そんな閉ざされた心に愛を注ぎ、少しでも和らいでくれるように。

各地の教育委員会にもお話しをさせていただき、興味を持っていただけます。全国の子どもたちがこの授業を受けられるよう、広く働きかけていきたいですね。

私がなぜ一生の宝物として生まれてからの成長アルバムを子どもたちに持たせたいと思うかというと、実際に多くの就活生（大学生）にアルバムセラピー基礎講座を実施すると、「自己肯定感が上がりました」「失くしていた自信を取り戻せました」といった言葉を聞いてきたからなのです。

この赤ちゃんの時からの成長アルバムがある子とない子では、大人になってからの長い人生で幸福感に大きく影響すると感じています。

介護の分野では、関西エリアを中心に数十店舗の自立支援型デイサービスセンターを運営する企業と共に、要介護者が精神的に元気になれるプログラムをアルセラを使って共同開発しています。

一般論として介護施設の経営者は、要介護者が元気になると助成金を受けられず経営が成り立たなくなるため、要介護者をそのままにしておくケースが多いそうです。そのなかでその社長はそれとは逆行するように、自分の足でしっかり歩く、要介護からの卒業を目指した支援をされています。

普段はリハビリやマッサージなどを通じて要介護者を身体的にサポートしているのですが、アルバムセラピーは要介護者の精神面にプラスに作用することから、要介護者の心身の健康を願う社長からは非常に興味を持っていただいています。

現在行われている90日プログラムをアルバムセラピーを用いた新しいアセスメント手法を開発し、例えば60日に短縮できるならすごいこと。その可能性は十分にあるのではないかとのことで、開発に歩み出しました。
＊90日プログラムとは、90日間で車椅子生活から自分の足でスタスタ歩けるようになる、一言で伝えるとワクワクする目標設定をしてもらうということだそうです。その設定にアルバムセラピーを使ったら、より明確に昔できたこと、もう一度やりたいこと、家族の役

に立てること、目標や夢が見つけられるプログラムに発展しそうです。来年春を目指して開発予定です。

病は気からと言いますし、高齢者や要介護者の心が元気になって医療費削減に繋がれば、それは大きな社会貢献と言えるでしょう。そんなお役立ちにアルバムセラピーが貢献できたら幸せです。

また就活の分野では、就活生をサポートするベンチャー企業・CheerCareer（チアキャリア）と共に、アルバムセラピーのメソッドを用いた就活生向けの講義の準備をしていくことが決まっています。

●愛を満たすセラピー

コロナ禍の昨今、外出がしづらいぶん自分自身と向き合う時間は増えたと思いますが、なかなか人と会えずに孤独感や寂しさを感じている人も多いと思います。そんなときこそ、アルバムから元気をもらってたくさんの人に前向きな気持ちになってほしいと願っています。

繰り返しになりますが、個々を重んじる今の時代に画一的な幸・不幸はありません。10人いれば10通り、100人なら100通りの幸せは、存在するはずです。

そこに辿り着ければ、自然と笑顔になれたり、温かい気持ちで人を思いやれたり、自分自身を愛せるようになったり、愛する人のために頑張れたりする、自分が大好きになれるメソッドがアルセラなのです。


本当は誰もが幸せになれる。神様は、そういうふうに人間を作ってくださっていると思います。だけど知らぬ間に纏わりつく不純物によって心を病んだり、閉ざしたり、最悪の場合は自ら命を絶とうとしてしまう。ただ、それらの悩みの多くは、実は自分が勝手に思い込んで作っているだけ。その原因をアルバムから探し出し、自分の心を愛と感謝で満たせば、心の傷が徐々に癒えていくでしょう。

だからもし今、孤独感や劣等感や無価値感、トラウマなどによって生きづらさを感じていたり、愛が枯渇していると感じているなら、少しだけ立ち止まり、ぜひ自分の過去にタイムトリップしてみてください。そこには愛を満たすためのヒントがきっとあるはず。もしかしたら心理カウンセリングを受けるより、意外に、早く改善するかもしれませんよ。

個人的には、アルバムセラピーを世の中の一人でも多くの方に知ってもらい、人が幸せになるためのお役に立てたら、それは何よりの幸せです。

全ての答えは、アルバムのなかにあるのです。

参考文献

・『「本当の自分」を見つけるフォトセラピー』なかにしあつこ　出版文化社
・『ＮＬＰで最高の能力が目覚める　コーチングハンドブック』山崎啓支　日本能率協会マネジメントセンター
・『ＮＬＰの原理と道具』ジョセフ・オコナー　パンローリング株式会社
・『セルフ・コンパッション』クリスティン・ネフ　金剛出版
・『なぜ、「回想療法」が認知症に効くのか』小山敬子　祥伝社
・『マインドフル・セルフ・コンパッション　ワークブック』クリスティン・ネフ　星和書店
・『エフェクチュエーション』サラス・サラスバシー　碩学舎
・『新・コーチングが人を活かす』鈴木義幸　ディスカヴァー・トゥエンティワン
・「エフェクチュエーションの Who I am の発見方法 ―アルバムセラピーの活用を中心に―」
佐藤善信（関西学院大学大学院経営戦略研究科 教授）
川村（林）さゆり（株式会社夢ふぉと代表取締役）

著者紹介

林さゆり（はやし・さゆり）

1965年、滋賀県湖南市生まれ。1998年32歳のとき「世界一大好きだった祖母の思い出」をきっかけに、人にとってかけがえのない大切な思い出をカタチにして人の幸せに貢献する会社「夢ふぉと」を起業。

企業理念「思い出で人の心の温度を1℃上げます」。

現在は、全国の卒業、卒園アルバム制作や、子どもたち自身のアルバムを使った自己肯定感を高める授業等を全国の学校に提供する株式会社夢ふぉとを経営。また、ストレス社会で人の心が壊れかけたことによって起こる社会課題（自殺、いじめ、不登校、孤独等）にお役に立てたらと、2015年一般社団法人日本アルバムセラピー協会を設立。アルバムの新しい活用法で、愛されていた記憶や感謝を導き出し、人の幸せに貢献している。

海外バックパッカー20カ国経験、後進国の学校支援や食糧支援等、継続的に行っている。

座右の銘「たかが一人、されど一人」。

マザー・テレサもガンジーも、最初は一人の想いから。

3時間《じかん》で人生《じんせい》が変《か》わる　アルバムセラピー
昨日《きのう》まで嫌《きら》いだった自分《じぶん》を明日《あした》から好《す》きになる方法《ほうほう》　〈検印省略〉

2021年　11　月　18　日　第　1　刷発行

著　者――林　さゆり（はやし・さゆり）
発行者――佐藤　和夫

発行所――株式会社あさ出版
〒171-0022　東京都豊島区南池袋 2-9-9 第一池袋ホワイトビル 6F
電　話　03（3983）3225（販売）
　　　　03（3983）3227（編集）
F A X　03（3983）3226
U R L　http://www.asa21.com/
E-mail　info@asa21.com

印刷・製本　（株）シナノ

note　http://note.com/asapublishing/
facebook　http://www.facebook.com/asapublishing
twitter　http://twitter.com/asapublishing

ISBN978-4-86667-311-0 C0030